きのうのつづき

「環境」にかける保育の日々

あんず幼稚園 編
宮原洋一 撮影

新評論

回廊デッキと年長保育室

回廊デッキ角

年少プライベートデッキ

もみじの庭

年中保育室前回廊デッキ

年中保育室前回廊デッキ

年中保育室前回廊デッキ

風見鶏の部屋

L字型保育室　オープンスペース時

回廊デッキともみじの庭

回廊デッキとでんしゃの庭

でんしゃの庭

でんしゃの庭

ほしの庭

アミーゴの原っぱ

ひよこの庭

もみじの庭

屋外デッキと地下鉄丸ノ内線旧車両

「でんしゃ」の中

もみじの庭

はり出しデッキ

やぐらの上り口

年長保育室前回廊デッキ

回廊デッキの階段

はり出しデッキ

はじめに

子どもたちがあそび込むことができ、楽しめる幼稚園、穏やかで暖かな風が流れている空間をつくりだしたいと願い、数人の仲間が額を寄せあって、今から二十一年前に「園づくり」がはじまりました。子どもたちが園での生活を楽しむことのできる基本は、可能なかぎり、自らの意志で活動に取り組むことのできる環境をつくることと考えました。

家を出るとき、たとえば、「園に行ったら、はなちゃんとあそぶんだ」、「おかあさんごっこをしてあそぶんだ」という思いをもって登園できるような園になれば、その空間の主人公は子どもたちになります。このような思いをもって、主人公の子どもたちが育つためにどのような環境をつくればいいのかとみんなで考えました。その結果、四角い部屋が横並びに造られている学校の校舎のような構造ではない園舎を造ることにしたのです。それは、子どもたちが好奇心旺盛に動き回り、自分の思いを可能なかぎり表現できる機会がもてるような空間づくりでもありました。

こうした環境のなかで、自らの考えに基づいて行動し、仲間とふれあい、仲間の思いを聞くちからをもち、それを受け止めることのできるちからが培われていくことを目的としたのです。そのためには、クラスのなかだけでなく、他のクラスや異年齢の子どもたちと自然に交流できることが望ましい生活空間が必要だと考えました。いくつもの部屋が行き来できるように回廊デッキを張りめぐらせ、部屋から外に向けての開放感を意識し、簡単に戸外に出てあそべるような空間づくりを意識して造りました。

子どもたちが生活をするための建物はできましたが、そこに生命を吹き込むことは、それ以上に大切なことです。私たちのめざす「保育の核」をどのようにして形成していくのか、一つずつ確かめ「保育計画」を作成していきました。子どもたちが自然を感じ、自然と十分にかかわりながら日々の生活を送り、輝く太陽のもとで大地を踏みしめ、砂や土と十分にふれあい楽しむことで開放感を味わって欲しいと願ったのです。

入園当初は砂や土に触れることさえ嫌がっていた子どもが、時を経て、園庭や畑で開放感を十分に味わっている姿を見せてくれます。園庭にあるヨウシュヤマゴボウの実で色水をつくり、小屋をお店に見立てて「ジュース屋さんごっこ」がはじまります。自然環境が子どもたちの積極性を引き出しているようです。

初夏、子どものつくっている畑に目を移せば、夏の野菜が所狭しと実っており、子どもたちがうれしそうに収穫している姿を目にすることができます。ピーマンやキュウリ、ナスなどの野菜が嫌いだった子どもが、自分の手で育てた野菜を何の抵抗もなく食べる姿を目にします。「どうして?」と言う母親の声を耳にすることも少なくありませんが、自分たちで育てたという気持ちを素直に表現している姿ではないかと思います。園内にかぎらず、近くの自然環境を自分たちの生活のなかに取り込むことは、子どもたちの育ちに大きな影響を与えるのです。

子どもたちが園での生活を楽しむためには、身体を鍛えることも大切です。思い通りの行動ができたり、仲間と楽しんであそぶためにも、さまざまな身体能力を高めることが必要となります。と同時に、自ら身体を動かして、行動しようとする気持ちになるように仕向けなくてはなりません。私たちは、一人ひとりの子どもがよく動けるような身体をもって欲しいと願い、そのためには、子どもたちが日常的にどのような生活をすればよいのかを考えています。

能力を身につけた身体は、子どもたちのさまざまな思いを具体的に表現することに役立っています。よく動く身体は、体育の時間に運動したからといって育つものではなく、日常生活のなかでも十分に培われることです。園庭に置かれた器具や遊具で日々あそぶだけでも、子どもたちはさまざまな身体能力を身につけていくのです。

親が幼稚園という集団生活の場に子どもを通わせる目的の一つに、「仲間とのかかわりのなかで育って欲しい」という希望があると思います。私たちのめざしている保育で大切にしていることと、それは一致しています。園での生活のなかで人間関係を学び、仲間と協力し、ともに生活することができるようにと考えています。

しかし、「仲良しになれば人間関係ができる」とよく言われますが、大人が考えているほど簡単なことではありません。今の子どもたちが、「よい人間関係のなかで集団生活を送っているのか」と問われれば、良好な関係が築かれているとは答えづらいのも事実です。大人も含めた人間関係は希薄と言わざるをえない、というのが現在の社会状況です。また、他者とかかわる力は、成長すれば身につけられるということでもありません。まちがいなく乳幼児期には育つ芽がありますが、その芽が育つように大人が環境を整え、子どもたちにその機会を保障していくことが大切です。

幼児のときからあそび仲間とじっくりと付き合い、日常生活のなかで寄りそって過ごすことにより、人とかかわるちからが身についていくのです。仲間とあそび込むなかで人間関係が深まり、やがて広がりがもてるようになるのです。その関係が信頼しあえるものになるまでには、考え方や意見の違いからぶつかる場面など、子どもたちが葛藤する場面も多々あります。こうした場面を乗り越えてこそ、たしかな人間関係ができあがっていくのです。もちろん、このような人間関係を築くということは決してきれいごとですむものではありません。むしろ、泥々とした子ども同士のかかわりの場面をつくることで、うわべだけではない本物の人間関係を学ぶことができ、その能力を身につけることになるのです。

子どもは、さまざまな方法で自分の思いを表現してきます。そのため、子どもたちが日常生活のなかで自由に自己表現できる環境を整えるようにしています。自分の思いや考えを他者に伝えることは決して容易なことではありませんが、話し手と聞き手の関係を、子どもたち一人ひとりが身につけられるようにしています。子ども対子ども、子ども対保育者、保育者同士、あるいは親と保育者が互いのコミュニケーションを充実させるように私たちは心がけています。

子どもたちはいろいろなモノをつくります。つくることを通して自分の思いを表現し、具現化していくのです。一人のときもあれば、数人でいっしょにつくり、お互いの能力を刺激しあって高めていきます。

これらのすべてにかかわることが「あそび」です。子どもたちは、あそびを通してあらゆることを学んで身につけて発達していく、と言っても過言ではないでしょう。一人あそびの状態から仲間との並行的なあそびを経験し、やがて仲間といっしょにあそぶ楽しさを身につけていくのです。私たちは、子どもたちが大人のちからによってあそばされている生活ではなく、子どもがあそんでいる生活をつくることをめざしてきま

コラム　久保田浩（1916～2010）

奈良県師範学校専攻科を卒業後、奈良県師範付属小女子部に勤務し、教育計画吉城プランを発表する。コアカリキュラム連盟にかかわり、新教育運動に参画する。同連盟の機関誌「カリキュラム」の編集に参加しのちに中心的な役割を果たした。

1950年、東京和光学園に勤務し、主事、幼稚園および小学校部長を歴任する。1967年、白梅学園短期大学付属幼稚園園長となり、同時に保育科教授となる。1970年、白梅幼稚園の保育実践をもとに「保育の三層構造」を提唱した。そのなかで、第１層を「基底になる生活」、第２層を「中心活動」、第３層を「課題活動」とし、日々の保育の営みを三層に分けて捉える氏の考え方を明確にした。1980年、幼年教育研究所を創立して所長に就任したのち、1987年、仲間とともにスリランカ中央幼稚園に園舎を寄贈し、「日本、スリランカ幼児教育協会」を創立する。1991年、スリランカ大統領より国家栄誉賞を授与されている。

した。子どもがあそんでいる状態とその環境をつくることは決して簡単なことではありませんでしたが、その環境をつくりあげながら、それがどれほど大切なことであるのかを改めて知ったのです。個人あるいは集団であそびほうける姿を目にしたい。これが、私たちがめざしている園づくりの重要な柱となっているのです。

二十一年前、久保田浩先生の保育理論を実践のなかで一つずつ具現化すると意気込んであんず幼稚園は出発しました。その理論の中核をなす「保育の三層構造論」は、私たち保育現場で働く者に明快な指針を示してくれました。本書の第7章で、保育の三層構造の考え方を、目の前の子どもたちの姿を受け止めながら私たちなりに考えて組み立てましたので、ぜひご一読いただければと思います。

私たちは、子どもたちと日々暮らすなかで、家庭生活のなかで育つこと、そして集団生活のなかで育つことを確かめあいながら保育の実践をすすめてきました。そのなかで、一人ひとりの子どもの育つちからを信じ、援助していくことが、子どもが「人」として育つことにつながると確信をもつに至りました。そして、写真家の宮原洋一氏に四年の年月をかけて撮り続けていただいた写真により、私たちだけではとうてい表現できなかった子どもたちの姿をとらえることもできました。本書はまさに、保育実践の現場にかかわる保育者と写真家のコラボレーションによって生まれたものです。リアリティ豊かな「あんず幼稚園」の姿を、楽しんでいただければ幸いです。なお、本文中の子どもの名前はすべて仮名です。

もくじ

第3章

第4章

「場」とのかかわり　97

第5章 「時間」とのかかわり 129

第6章 「ことば」とのかかわり 151

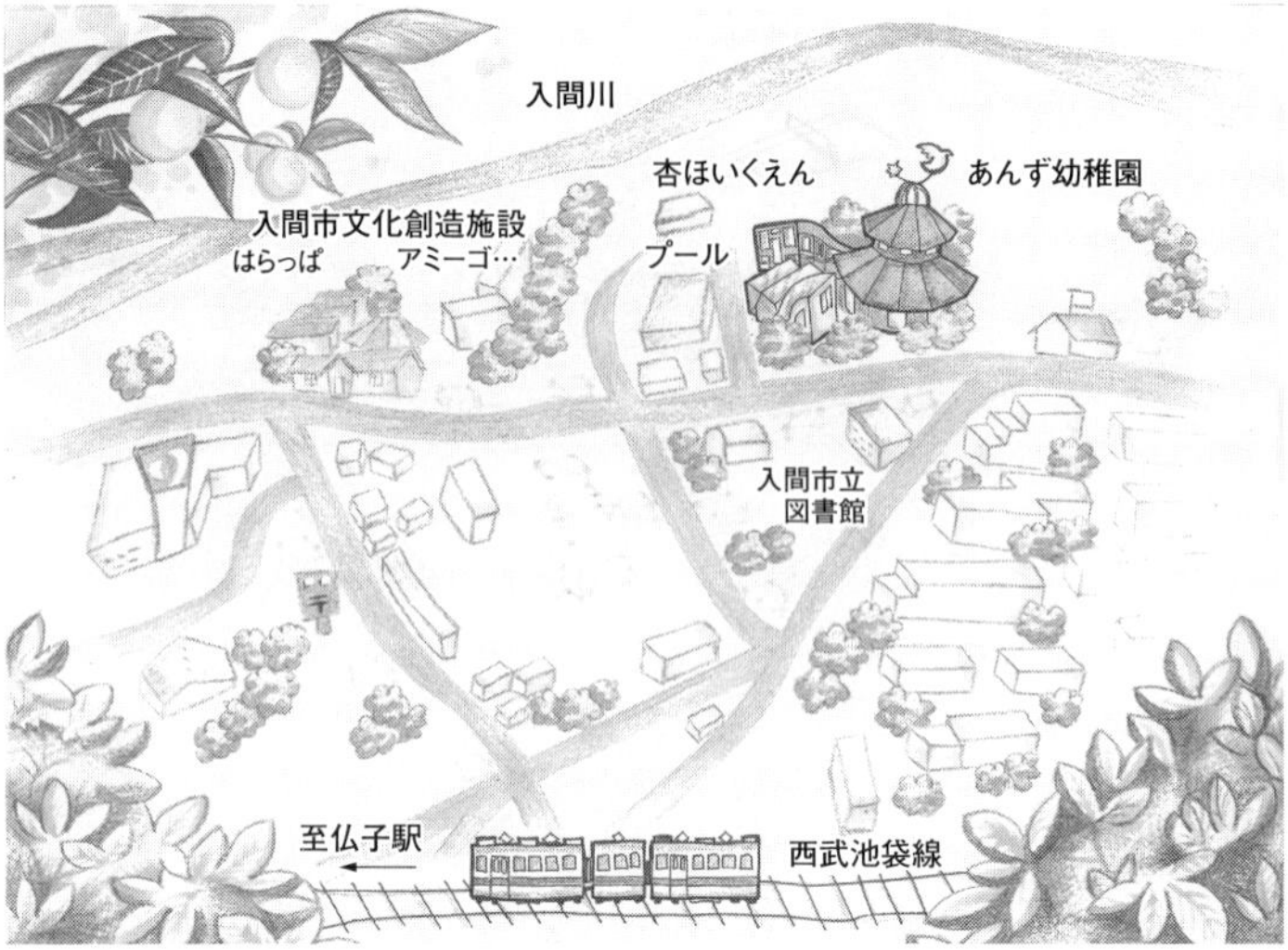

風がうたう幼稚園舎

四角形で幾何学模様を作ったような園舎は、鳥の飛び立つ姿や、雲と波、そして山をイメージして作られ、夢を求めた建物になっています。

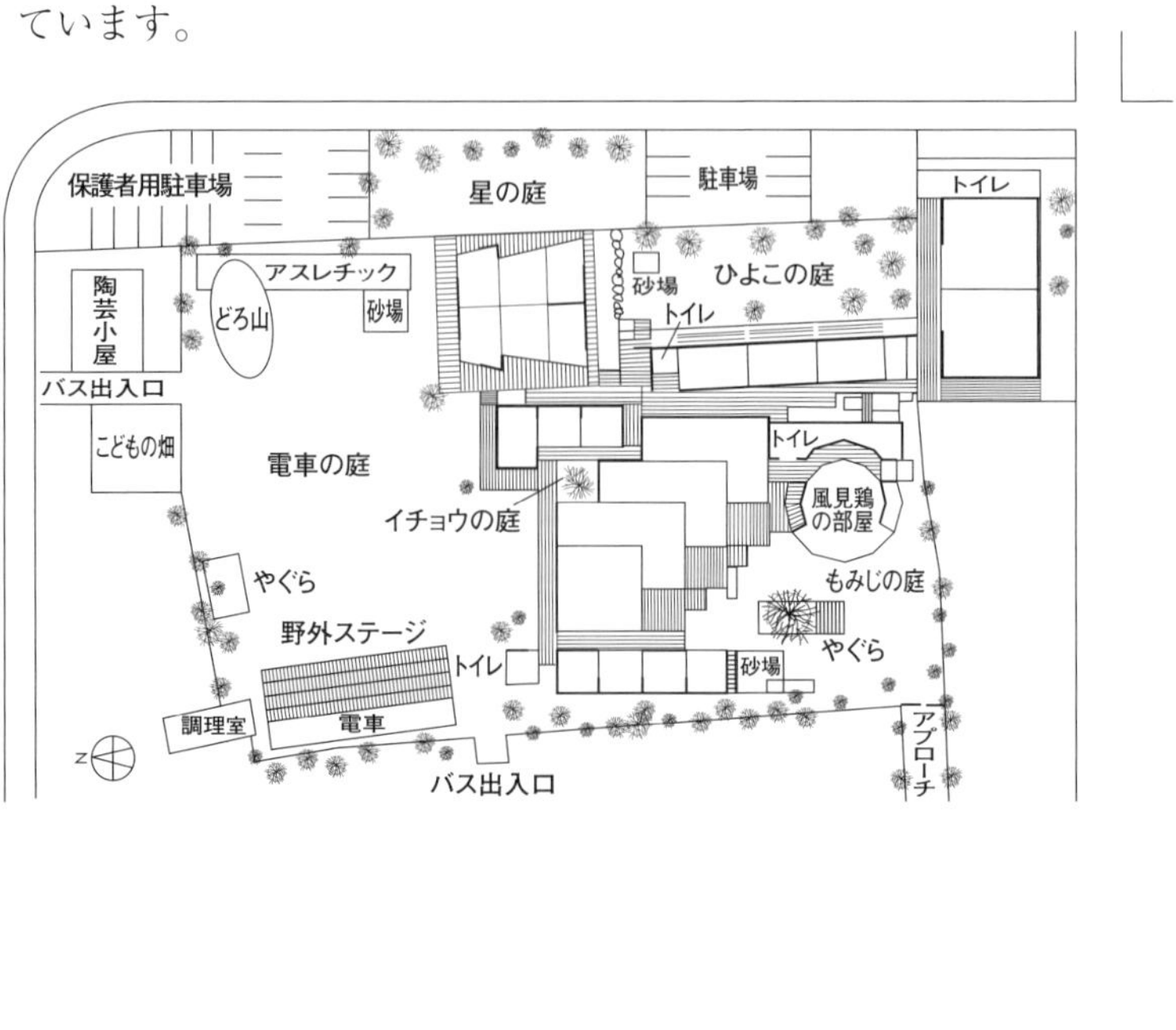

きのうのつづき——「環境」にかける保育の日々

第1章

「もの」とのかかわり

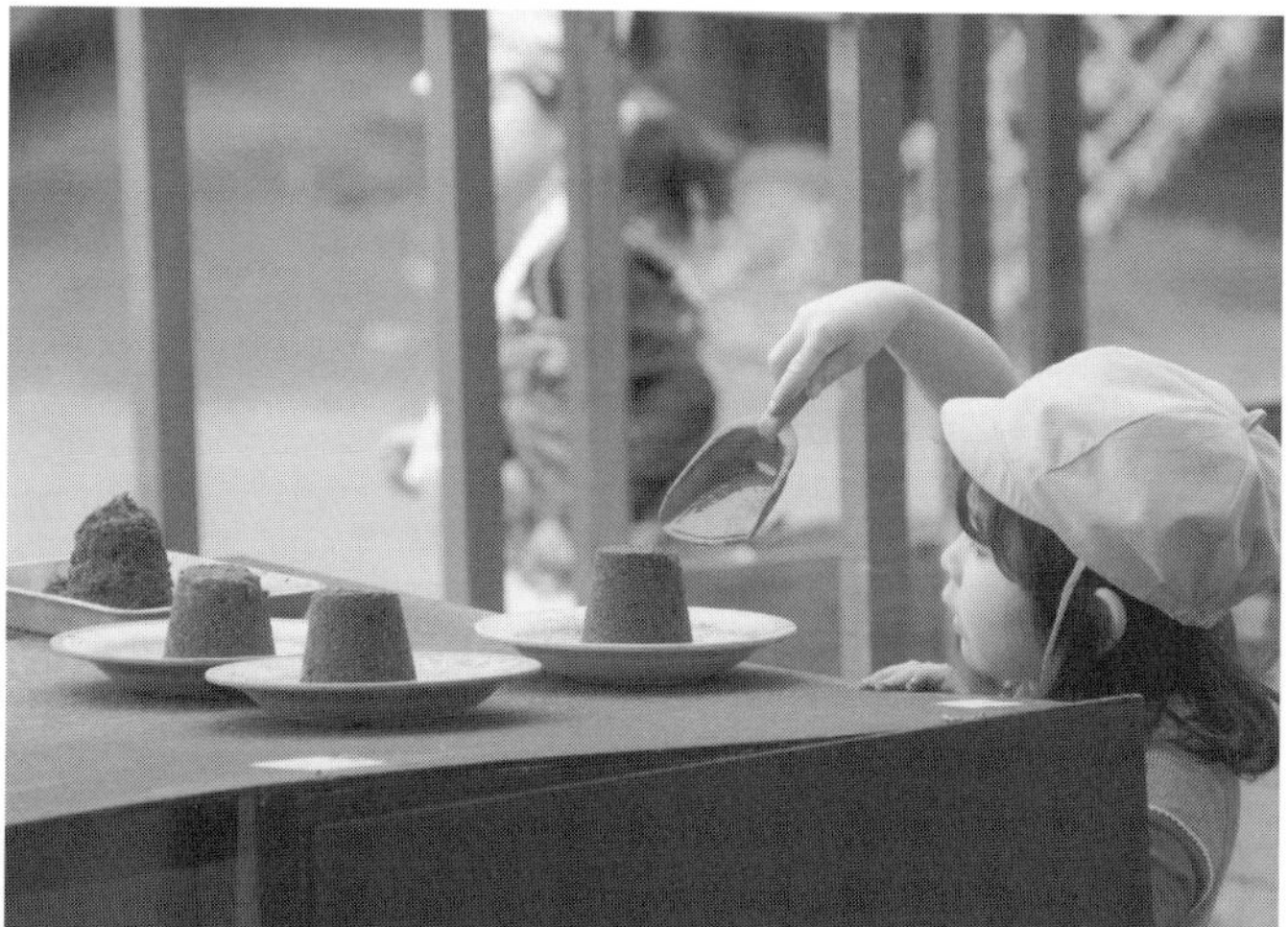

幼稚園には、さまざまなものがたくさんあります。それらのどれもが、子どもたちが生活のなかで楽しんだり、ちからをつけたり、世界を広げたりして、豊かな体験をしていくために大切なものと考えられたものです。そこで私たちは、子どもたちの身の周りにあるものが、子どもたちの生活をどれだけ豊かにするちからがあるのかということ、そのちからを本当に生かすためにはどういう置き方をしたらいいのかということを、改めて考えていきました。

まず、子どもの身体感覚や能力の育ちという面から考えてみます。最近の子どもたちの状況を見てみますと、あまり身体を動かしてあそぶことがないようです。だからといって、「体育の時間」などと特別に設けたりして対処するのではなく、「登ってみたい」、「ぶらさがってみたい」、「飛び降りてみたい」というような、子どもの意欲を刺激するような遊具が身近なところに設定されているとしたら、どうでしょう。

子どもたちは、意欲をそそられる遊具を見つけると、さっそく「どこから、どうやってあそぼうか？」と考えながら、身体感覚を総動員してあそびはじめます。もちろん、なかには躊躇している子どももいますが、すっと仲間がやって来て、「いっしょにやろう」と誘う姿もたくさん見られます。

いろいろな身体感覚や能力を使って遊具でのあそびにチャレンジしていくことで、その楽しさを実感していくのです。子どもの身体はそうした遊具（もの）であそびこむことで、知らず知らずのうちに育っていくのでしょう。年長児ともなると、もっと意識的に身体能力を高めようとする姿も見られますが、はじめは、ものや環境がその力の基礎を培ってくれているのです。

そう考えたとき、ただ「滑り台やブランコを設置することになっているから」と遊具を配置するのではなく、「自分たちは、今、目の前にいる子どもたちにどんな経験をして欲しいのか」、「子どもたちには何が必要なのか」ということを問い直しながら遊具を設置していく必要を強く感じます。

これらのことは、大きな遊具にかぎったことではありません。園庭にとどまらず、子どもの生活空間のあらゆる場所において、「ここにぶら下がって楽しめるロープブランコをつくってみると、どうだろう?」、「ここに鉄棒を置いてみたら?」と可能性を探ってみたいものです。また、「設置したらもう動かせない」と考えるのではなく、子どもの年齢や時期などによって、何をどう設定するのかということを絶えず吟味していきたいとも考えています。

各保育室に置かれているものは、積み木やブロック、ままごと道具、ボードゲーム、人形、ドールハウス、そして絵本などです。また、保育者の手づくりのものとしては、お手玉、あやとり、「ごっこあそび」用のいろいろなお面に、服や布。また、あそびのコーナーをつくる仕切りやレジャーシートなども用意されています。そして、使わなくなった本物の携帯電話、時計、パソコンやバッグにアクセサリーなど、大人が日常的に使用するものなどが置かれています。それらのものがあそびを引きだしたり、あそびを豊かにするための道具として使われたりするのです。

さらに、多様な紙類、いろいろな大きさの空き箱類、紐類などはものをつくりだすための素材として、セロテープやクラフトテープ、ボンド、糊、ハサミなどはものをつくりだす道具として用意されています。また、クレヨン、ペン、鉛筆や絵の具などの画材、年長になると、トンカチ、のこぎり、釘《くぎ》などの木工道具もあります。

こうしたさまざまのものが用意され、それらから、子どもたちの手によって新たなものがつくりだされていきます。

このように、保育者たちによって考えられ、吟味されてきたものは「生きたもの」と言えます。もちろん、ものがそこに存在すること自体で、子どもの興味・関心や意欲を刺激していくこともあります。しかし、たいていの場合、ただそこにあるだけであったり、子どもたちが手に取りにくい状態であったり、整理しにくい状態となっています。それでは、子どもとのかかわりは生まれてきません。子どもが思うように使えてこそ「生きたもの」になるのです。あるいは、身の周りに置かれたものが子どもたちの美的な感覚に訴えるという側面も見落とせません。子どもたちが扱いやすく、なおかつ美的なセンスに訴えることも考えて配置したいと考えます。

また、ものと子どもとの関係だけでは、その子どもにとって意味をもたないものもあります。ところがそうしたものも、保育者がいっしょにあそぶなかで魅力的なものに感じられるようになっていくという姿があります。あるいは、誰かが楽しそうに使っている姿を見て、「自分も使いたくなった」という光景もよく見られます。「自分―保育者―もの」、または「自分―仲間―もの」という関係がものの魅力を引きだしてくれるのです。もちろん、ものが媒介して、仲間との関係がつくられていくという側面もあります。

仲間との生活を「自分たちで進める」という側面から考えたときには、生活のための道具を扱うことも身につけていく必要があります。さらに、子どもたちが生活するなかで「どうしてだろう?」と不思議に思うことについて認識を深めるためには、ことばを使ってやり取りすることも大切ですが、視覚的にもとらえていくことが大切となります。そうなると、当然、視覚に訴えるものが必要となります。

ものとのかかわりは、多様な側面から見ていく必要があるようです。これまで見てきた側面からだけでも、子どもたちのあそびを誘発したり、身体感覚や能力を高めたり、イメージを豊かにしたり、いろいろな道具を扱う技術を身につけたり、人とのつながりや広がりを生んだり……と、いろいろなことにつながっていくことが分かってきました。

そんなものを、子どもたちの周りに、工夫されたセンスのよい環境のなかに配置させていきたいと考えています。そして、私たち自身もそれらのものに働きかけて、楽しく豊かな生活がつくれるようにと願っています。

1 見立てる――イメージの世界を広げる

子どもは、見立てることの名人です。幼児期は、生涯でもっとも活発に想像力が働くときです。それは、砂場でひたすら団子をつくり、山をつくり、トンネルをつくる姿を見れば分かります。子どもたちの内面で働いているのはまさに見立てるちからであって、砂という素材から、おいしいケーキも、本物の山も、そして川もイメージすることができるのです。そこで生き生きと働いているものが、想像力=イメージ力です。そしてこれは、自然が仕組んだ発達の手順でもあるでしょう。

このことは、子どものあそび道具としてはどんなものがいいのかを示唆してくれています。つまり、子どもが自由に見立てられるようなものがいいということです。園では、各保育室に家庭から子どもたちが持ってきた牛乳パック、ヤクルトの空き瓶、空き箱、トイレットペーパーの芯、ストロー、包装紙などといった、いわゆる家庭ゴミと言われるようなものがストックされています。

子どもたちは、何かつくりたくなると自由にそこから持ち出して、セロハンテープ、ガムテープ、のりなどを使っていろいろなものをつくりはじめます。そして、自分でつくったものを使ってあそぶことは、また格別な思いがするのです。回廊デッキはあそび場でもありますから、つくったものをほかのクラスや年齢の違う子どもたちに見せることもできます。「スゴイ!」とでも言われたら、うれしさ一〇〇倍です。

へんしーん

「きょうは、なにに、なろうかな」

数あるお面のなかから、自分で選んで変身用のお面をつくりました。

「そうだ、マントも！」

マントは、新聞紙でつくりました。

早速、「へんしーん！」

お面とマントで、気分はすっかりレンジャー隊？（年少）

ロボット気分

「ガキーン、ガキーン、ガキーン、

へへっ ぎゅうにゅうパックロボだよ」（年少）

おそうじ気分

「ウイーン、ウイーン、ウイーン」

「ねえ、いっしょにそうじにいこう！」

「うん、ようちえん、ぜーんぶ ピカピカにしてこようね」（年少）

すっかり、たこやきや

「いらっしゃい、たこやきはいかがですか」

「たこやき、ください」

「いくつですか？」

「ひとつ」

「ありがとうございます。おいしいですよ」


　自分たちでつくったたこ焼きやさん。そこで一番やりたかったのは、たこ焼きを焼くことでした。そのため、ひっくり返すと焦げ目が見えるように絵の具をぬり、画用紙でつくった青のりもつけました。鉄板も段ボールでつくり、たこ焼きが入るように穴を開けました。本物のように焼くことができるように、一生懸命に工夫してつくりました。ですから、一番の見せどころは、たこ焼きをひっくり返すところです。

　うまく焼けたかな？（年長）

2　一人の世界を楽しむ

木製のレールを敷いて、腹ばいになって汽車で遊んでいる子どもは、すっかりその世界のなかに入り込んでいます。アリの巣の前にしゃがみ込んで、飽きもせずに眺めている子どもは、いろいろなものをくわえて巣に戻ってくるアリたちの姿がおもしろくてたまらないようです。

このように、一人であそんでいる子どもの内面では想像力や観察力が生き生きと働いているのです。ですから、ときには、一人であそぶことも仲間とあそぶことと同じように大切にしなければなりません。

子どもたちが一人で楽しむ時間がたっぷりともてるように、毎日一〇時三〇分ごろまでは、思い思いに過ごせるようにしています。朝から一斉に活動するようなことは、めったにありません。こうしたゆっくりとした時間の流れとともに、一人であそべる場所もいろいろとあります。それは、回廊デッキの片隅であったり、縁先であったり、誰でもが自由に使えて、保育室にはないようなおもちゃがある風見鶏の部屋であったりします。

また、保育室も教室のような形ではなくL字型に造られていて、コーナーでの一人あそびがしやすいようになっています。こうした環境と時間があることによって、子どもたちは一人の世界を楽しむことができるのです。

ぼくのあかちゃん

「はい、あかちゃん、ミルク　あげるからね。さっき、あっちゃんが、こうやって、あかちゃんにミルクあげるのをぼく、みてたんだ。だから、ぼくのあかちゃんにもミルクあげようとおもったの。おいしい？　いっぱいのむんだよ」（年少）

そうっと、そうっと

このさる、ぶらさげられるかなー
おちるかな、おちないかなあ。
そうっと、そうっと。（年中）

このスタイル

入園当初、毎日泣いていたね。落ち着いてあそびだすときは、いつもこのスタイル。腹ばいで指をちょっと口の中に。そして、大好きなミニカーを手にします。じっくりと、自分のペースでなれていこうね……。（年少）

キャタピラーが行く

本当は、電車ごっこの段ボールなんだけど……。
横にして中に入り込み、なんとキャタピラーに！
でも、ダンゴムシみたい。
どこまで行けるか、よいしょ、よいしょ。
まだ行けるぞ、よいしょ、よいしょ。
前は見えないけど、よいしょ、よいしょ。
お、まだ行けるぞ。
前は見ずに、よいしょ、よいしょ。
子どもたちは、おもしろいことを思いつく名人です。（年少）

3 仲間とかかわる――きっかけをつくる

入園してまもない三歳児は、ものを介して友達とかかわるきっかけをつくります。そのため保育者は、ままごとセット、さまざまな人形、おもちゃのバギー、積み木、木製レール、ボール、キッチンセット、古い携帯電話、ぬいぐるみなどの魅力的な遊具を保育室に用意します。また、入園当初の子どもたちにとって、それらの遊具が理由で保育室が魅力的な空間になれば、登園することも楽しくなります。安心できるコーナーなどの「場」の設定とともに、入園まもない子どもたちのために遊具の配置を工夫しています。

こうした遊具では、まず一人であそぶことからはじまります。一見するといっしょにあそんでいるように見えますが、一人あそびの集合体なのです。この時期を経て、次第に仲間をつくってあそぶようになります。同じ遊具であそびたいと思っても、一つしかなければ取り合いになったりもします。無駄なトラブルを防ぐ意味からも、なるべく複数の同一遊具を用意するようにしています。たまたま同じ遊具であそんでいたことがきっかけとなって、仲間をつくってあそびはじめることもあります。

このように、遊具という「もの」は、入園期に仲間関係をつくっていくうえでも大きな役割を果たしているのです。

仲間入り

「いーれーて」

「いいよ」

「ねぇ、なにもってるの?」

「ぼうえんきょうだよ。ここをね、こうやってね、くっつけてつくったの」(年少)

二人でイエーイ

牛乳パックでつくった、手づくり楽器カズーを使ってそれぞれであそんでいた二人。りえちゃんが台の上に乗って、一人コンサートをはじめたら、「ぼくも、いれて」とくにくんも台の上に飛び乗った。

「なんだか、たのしくなってきちゃったぞ」

「イエーイ、イエーイ、もう踊っちゃえー」(年少)

4 自分たちの空間をつくる

子どもは、なぜ隅っこや穴のようなところが好きなのでしょうか。それにはいろいろとわけがありそうですが、とにかく子どもはそのような場所にいると本能的に落ち着くようです。

そこで、自分たちの空間をつくるために子どもたちはさまざまなものを使います。既製のものをそのまま使うこともありますし、自分たちで材料を見つけてつくることもあります。こうした子どもたちの活動を助けるためには、あまり整理整頓をしていない空間のほうがいいみたいです。整然とした空間は、潜り込んだりする隙間がなかったり、そこいらにあるものを使って自分たちの空間をつくることができないからでしょう。

子どもにとっての生活の場を考えるのであれば、彼らの空間がつくれるような素材や隙間をあらかじめ用意したり仕組んでおくことも必要となります。それらを子どもがどのように使うかは、「見てのお楽しみ」ということになります。それに、こうした子どもたちの創造力に出合えるのは、保育者ならではの楽しみとも言えます。

子どもたちは、自分たちが見つけたり、つくったりした空間に潜り込むことが格別に楽しいようです。そこは、大人に干渉されない、ささやかであっても自分たちだけの空間だからでしょう。

秘密基地

「ねぇ、なにやっての？」

「しーっ。きづかれちゃうよ！」

「うん、わかった。あのさ、おなじものを　もっているから　いれて」

「いいよ。あのね、ここ、おもしろいんだよ。ふたりだけのひみつね」

がらくたの箱を合い言葉に、二人でウフフと笑いあって、「秘密基地ごっこ」がはじまりました。

あゆみちゃん、すごくいい場所を見つけたね！（年少）

今からお出掛け

「おでかけごっこ」は、保育室を飛びだし、本当にお出掛けをするのです。

回廊デッキを歩きながら、「ここは、どう?」、「そうね、ひろいからここにしようか」と相談をし、ひとたびシートを広げるとそこはもう自分たちだけのあそび場になります。そして、そこは、自分なりのイメージで思い思いのことができる、素敵なあそびの空間になるのです。(年少)

保育室のお風呂

保育室に、ダンボールでつくった「おふろ」があります。

大きなダンボール箱に、子どもたちと新聞紙をビリビリと破って入れたものです。子どもたちは、そこに飛び込んで大騒ぎです。

「ちょっと、あついな」、「じゃあ、みずいれるよ」（新聞紙を破って、シャワーのように頭にかけて入れはじめる）

「きゃー!!」、「かおにかかった」

「やったなあー！」、「きゃあー！」

新聞の「お湯」に潜ってみたり、「お湯」を舞い上げたり、かけあいごっこをしたりと狭い「おふろ」の中は大騒ぎ。まるで本当のお風呂に入っているみたいでした（本当のお風呂よりハードかも）。

「そろそろ、片づけにしたいんだけどなあ……」と、保育者はいっしょにあそびながらも頭の片隅でそんなことを考えています。でも、まあ、いっか。もうちょっとだけ。だって、こんなに楽しいだもん。今日、このあとに予定していた活動は明日に回そう。

その後もしばらく「おふろあそび」で盛り上がっていましたが、しばらくすると、やけに静かになりました。見ると「おふろ」に横たわってボーッとして眠そうな子どももいれば、新聞紙をいじっている子どももいました。ダンボールの中で身を寄せあいながら、なんだかしっとりと余韻《よいん》に浸っている感じでした。それを見て、「やっぱり、時間を延ばしてよかった。こんな時間もいいもんだ」と思った保育者です。（年少）

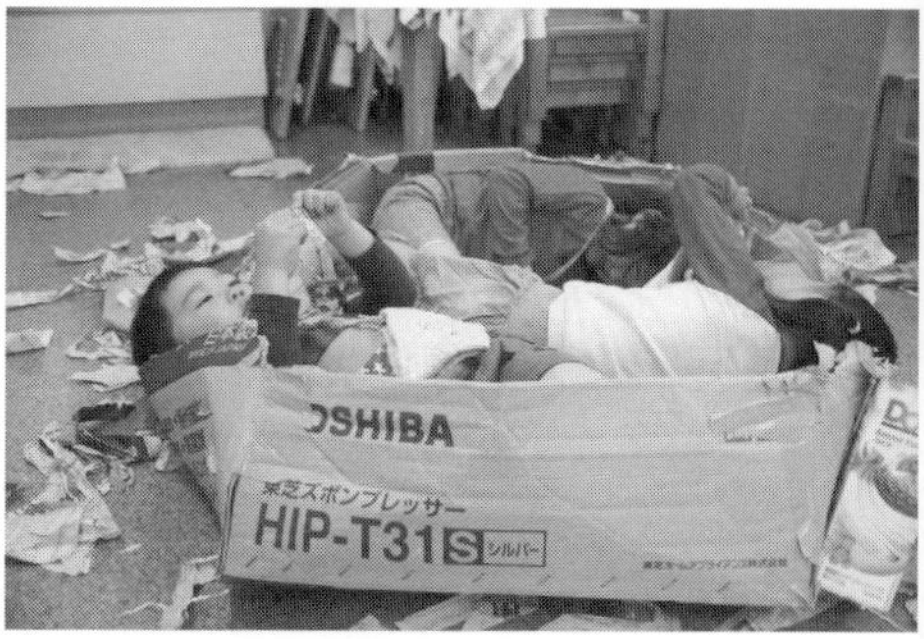

5
身体の感覚を楽しむ

子どもの時代ほど、全身を動かして自然に楽しめることはないかもしれません。それは、あそびのなかで遺憾なく発揮されます。個別の運動技術を習得する前に、あそびのなかで身体を思う存分に動かし、伸びやかに運動能力が発達することが一番です。したがって、園内ではできるかぎり禁止事項を少なくして、子どもたちが伸び伸びとあそべる環境づくりを常日頃から配慮しています。

たとえば、室内の柱に登っても叱られることはありませんし、一般的に、箱ブランコは危険ということから多くの園で撤去されていますが、ロープなどで安全を図ってしっかり現役でいます。ときには、落ちたり、ぶつかったりすることもありますが、少し痛い目に遭いながら子どもたちは、次第に身のこなしをよくしていくのです。

また、運動があそびのなかで行われるためには、たとえば鉄棒などが身近にあるとごく自然にそれであそぶようになります。そのため、園庭だけでなく保育室の中にも鉄棒は備えられています。また、保育室の梁からロープが下げられており、ぶら下がったり、揺すったりしてあそぶこともできます。

いくつも回れるよ

逆さまになっていい気持ち。

「いつまでもやっていたーい！」（年長）

何回も何回も

「ちょっとたかすぎじゃないかな」

「こわいなあ、でもとびたいなあ」

「できるかも」

「あ、あのこもできた」

「よし、やってみるか」

ここを跳ぶまでに、いろいろな思いがあったことでしょう。でも、思い切って挑戦して、できたときの子どもたちの表情は素敵です。そして、うれしくって、楽しくって、何回も何回も跳ぶんです。何回も何回も。（年少）

にげるロープ

「デッキのロープにつかまってのぼるのは、ぶらぶらするからたのしいんだ」（年少）

いーちにーいさーん

「一〇かぞえたら、こうたいね。いーち、にーい、さーん、しーい、ごーお……」

年少の庭に一つしかない大人気のブランコです。一つしかないけれど、こうやって待っていれば自分も乗れることが分かっています。ときには、一つしかないこともいいことです。（年少）

挑戦力

環境があること。仲間がいること。自分に目標があること。

それが、挑戦するちからを引き出します。（年長）

最後の一歩をどうするか

これから左足で身体を支えて、右足を上げる。
足の裏から感じる自分のちから。（年中）

おっとっと

「みててね、せんせい。おっとっとー、こんなのもできちゃうよ。ほーら、すごいでしょう。わぁ、たーおーれーるー！　もういっかい、やろっと」（年中）

6 素材にあった使い方を知る

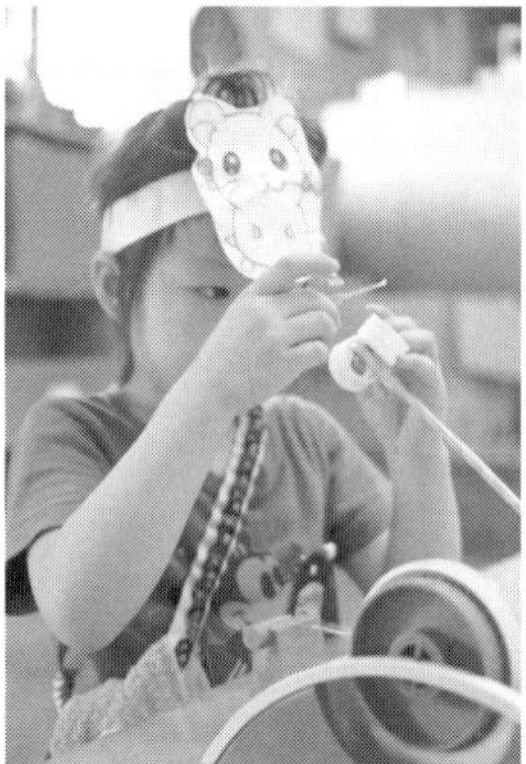

子どもたちが自らつくったものであそぶことができると、あそびの様相は一変します。既製の遊具と違って、そこには自らがつくったものであそぶ、えも言われぬ楽しさがあるからです。そんなときに役立つのが、家から持ってきた廃品の数々です。でも、こうした素材だけでは宝の持ち腐れとなってしまいます。それらを使ってあそび道具をつくるためには、ちょっと違った道具や技術が必要となります。それに、何よりも創造力が必要です。

日常の保育のなかに、ハサミ、セロハンテープ、のり、ノコギリ、ダンボールカッターなどの使い方を学ぶプログラムが用意されています。発達段階に応じて学び、年長では両刃のノコギリや曲尺《かねじゃく》の使い方も学びます。よい道具は、子どもたちのものづくりの意欲を引き出し、完成度も高く、達成感のあるものができあがるのです。こうした学びがあるため、子どもたちのものづくりのレベルは確実に高まっていきます。

年少のころから自由にあそび道具をつくってあそぶという生活は、創造力と技術を着実につけて、年長の秋の制作展で確かな結実を見ます。たとえば、一〇センチ角の柱を、正確に切断することができるようになります。こうした根気のいる作業を支えているのが、年少のころから行っていた自分たちであそび道具をつくる楽しさです。

本物の包丁

子ども用ではありません。本物の包丁です。

「ねこのて、ねこのて。こうすれば、けがなんかしないよ」

今日は、畑で収穫したキュウリを切って、みんなで味噌をつけて食べます。（年長）

おへそへ向かってひく

お客さんが乗れる　シカの足は丈夫じゃなくっちゃね。

ということで、とっても太い柱を使うことに。

「さあ　きるぞ！」と、ワクワクしながらはじめたけど……。

さすがに手強い！

仲間と交代で　やっとここまで切ったよ。

あと少しで切れる！

思わず　全身にちからが入ります。（年長）

組み立て中

制作展であそぶお店屋さんの組み立てです。初めの四角い枠は、押さえている人がいないと動いて釘《くぎ》が打てません。さらに、打つ人と押さえる人の息が合わないとうまく釘が打てません。だから、打つ人も、押さえる人も、今、打ちこまれる一本の釘に集中しています。（年長）

曲尺を使う

「しっかり　おさえていてよ」

「わかってる」

真っ直ぐ切断するためには、真っ直ぐな線が引けなければなりません。こんなときには、曲尺を使えば簡単にまっすぐな線が引けます。子どもたちが、道具のすばらしさを実感するときです。（年長）

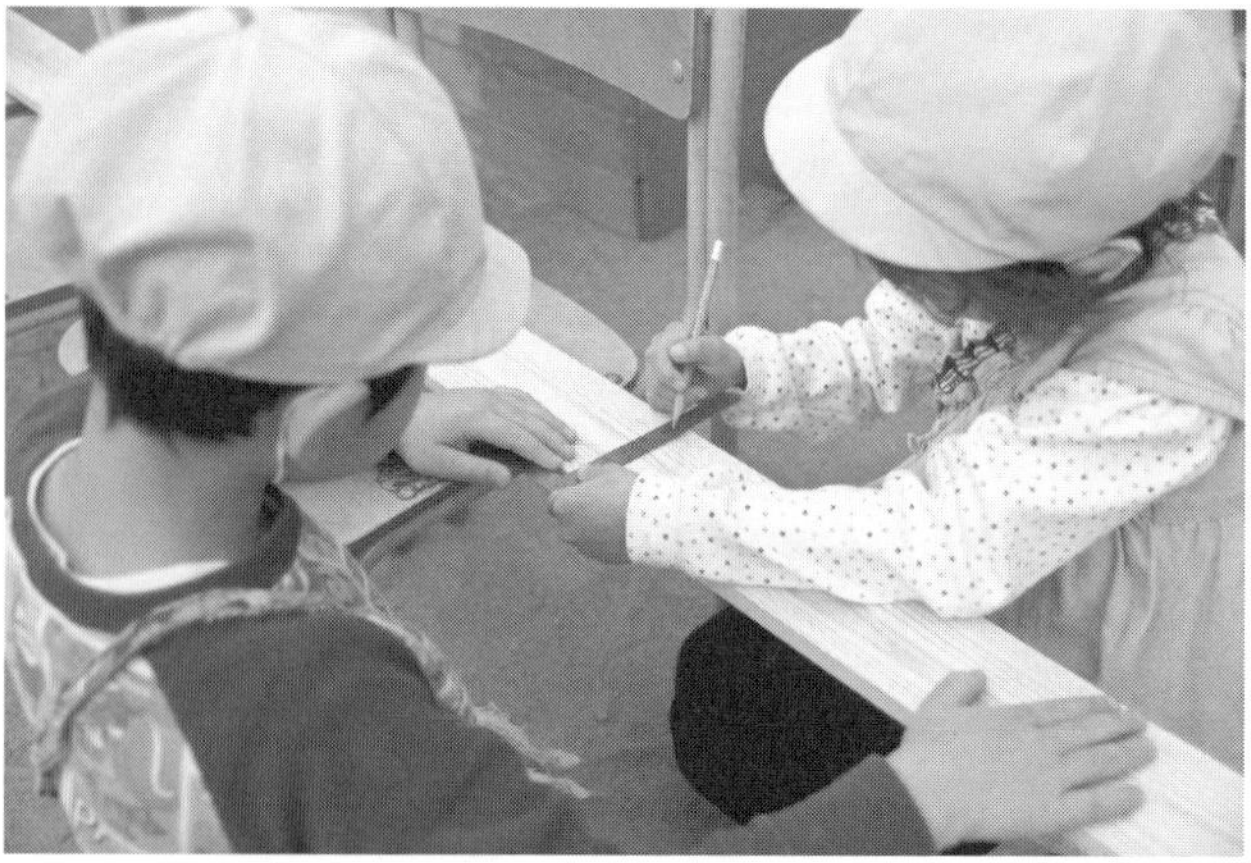

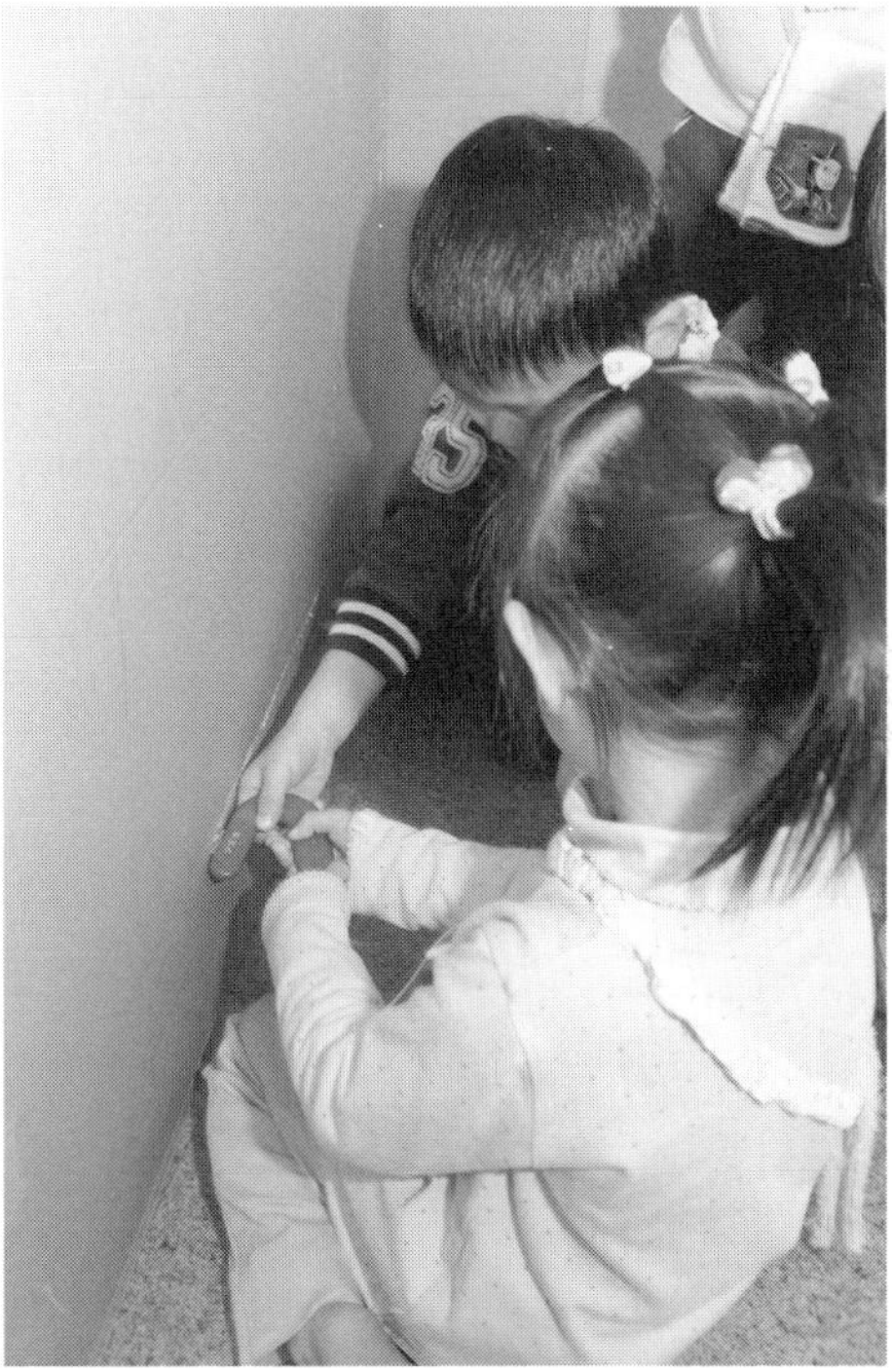

「ダンちゃん」を使う

ダンボールの壁にドアをつけたり、丸とかハートとかいろいろな形の窓をつくることが自在にできる、その名もダンボールカッターの「ダンちゃん」。


「ダンボール、ぎこぎこきれちゃうんだ」

「だいくさんみたいだよ」

「ちからがいるんだ」

「だんだんきりかたが、わかってくるよ」

「あっ、おしえてあげる。そうそう、そんなかんじ」（年中）

エピソード　あの日のこと（年少）

ねぇ、さきこちゃん、あの日のこと覚えているかな？　四月、入園してきたばかりのさきこちゃんは先生のこと嫌いだった？　だって、朝「おはよう」ってニコッとしてもプイッて横を向いちゃうし、帰る前のあいいいんころもちも「みどりちゃんとやりたいの!!」って言って手をつないでくれなかったから。だから先生は、早くさきこちゃんと仲良しになりたくて、「何をしていっしょにあそんだら、さきこちゃんと仲良くなれるかなー」っていつも考えていたんだ。

そして、あの日、さきこちゃんがデッキからじーっと外を見ているのを先生は見つけたよ。「何を見ているのかな？」って、さきこちゃんのことが気になって見てたの。「雨で庭に誰もいないから変だなぁーって思っているのかな？　それとも、小鳥が雨宿りしているのを見つけたのかな？」って思いながら。

そしたら、急にさきこちゃんが外に向かって大きい声で「おーいっ!!」って言うから先生はびっくりしちゃった。「誰に、おーいって言ったのかな？」って思って、それでさきこちゃんのそばに行ったの。そしたらまた、さきこちゃんが、「おーいっ!!」って言って、その後、先生の顔を見てニコッてしてくれたんだよね。

「なんだろう……。これ楽しいのかな？　じゃあ、先生も『おーい』って言ってみようかな？　でも、こんなところで大きい声を出すのちょっと恥ずかしいな……どうしようかな……」って、本当はこのとき思っていたんだけど、さきこちゃんがニコニコしながらこっちを見てるから、思い切って「おーいっ!!」って大きな声を出しちゃった。そしたら、何だか元気な気持ちになって、さきこちゃんを見たらニコニコ顔で、先生もニコニコ。

「あーそうか！」って思って、「なんだかこれ楽しいね」って言おうとしたら、またさきこちゃんが「おーいっ!!」って言うから、先生今度は、さきこちゃんの声にのせて、いっしょに「おーいっ!!」って言ったの。そしたらさ、おもしろかったんだよね！　さっきより声がすごーく大きくなってさ、二人の声なのに一人の声みたいに聞こえてさ。それでびっくりして、さきこちゃんと先生はニコニコの同じ顔になっちゃったんだよね。

そしたら、みどりちゃんも来てさ、今度は三人で「おーいっ!!」って大きな声を出しちゃったね。それで、さきこちゃんと先生とみどりちゃんの顔がまた同じになっちゃってさ。おもしろかったねー。

そのあと、急にさきこちゃんが大きい声で「先生のお父さんいますかー」って言うから、先生は「あれっ？」って思ったの。「さきこちゃん、おうちに帰りたくなったのかな？」って思って。だから、「さきこちゃんのお父さんいますかー」って先生は聞いたんだよ。そしたら、今度はみどりちゃんが「先生のお母さんいますかー」って言うから、「今度はお母さんなの?!」っておもしろくなって、「みどりちゃんのお母さんいますかー」って言ったの。三人で順番に声を出すのもおもしろかったよね。

「いちごーー！」ってみどりちゃんが言ったから、今度は果物の名前だなって思って、先生も「さくらんぼ！」って言ったの。そのあとはずっと果物の名前を大きい声で順番に言ってたのに、みどりちゃんが急に果物じゃないことを言うから、「あれっ？　果物じゃなくなっちゃった」って先生がびっくりしたら、さきこちゃんとみどりちゃんすごーい大きい声で「あははー!!」って笑ったね。先生もおもしろくて「あははー!!」って笑っちゃったんだよね。

さきこちゃんは先生に、「思いっきり声を出すと気持ちがいいよ」って教えてくれた。「声をいっしょに出して合わせると、なんだか楽しくなっちゃうよ」って教えてくれた。「いっしょに笑うと仲良くなれるね」って教えてくれたんだよね。それでこの日から、さきこちゃんと先生はどんどん仲良しになったんだよね。覚えているかなぁ？

第 2 章

「自然」との
かかわり

人は自然の一部であり、自然によって生かされています。このことは、当然のこととして誰でも知っています。いや、正確に言うと「知っているつもり」でいるのです。つまり、そのことを本当に分かっているかどうかです。

私たちは、「便利」と言われる現在の日常の暮らしのなかで、そのことを理解していく機会を失ってきたのではないでしょうか。そのような時代のなかで私たちは、今の子どもたちに、すぐ身近にあり、生きる姿が輝いている豊かな自然とのかかわりをたっぷりと味わって成長してほしいと願っています。

子どもたちの周りにあるごくごく普通にある自然。庭に咲く草花に樹木、アリにダンゴ虫にミミズにアオムシ、砂に土に水に空気、そして風や音、太陽、雲、雨、雪など、それらは子どもたちの五感に多くのことを語りかけてきます。子どもたちはそれを感じ取り、手を伸ばし、五感を最大限働かせながらかかわっていきます。ムラサキツユクサの花をポリ袋に集めて色水をつくり、それを太陽にかざして「きれい！」と声を上げます。春に咲いた花がいつのまにか緑のサクランボの実になっているのを発見して大騒ぎをし、それから実が赤くなるのを毎日待ちわびて木を見上げています。ついには、その実を木からもぎとって口の中へいれ、甘酸っぱさに肩をすぼめる子どももいます。

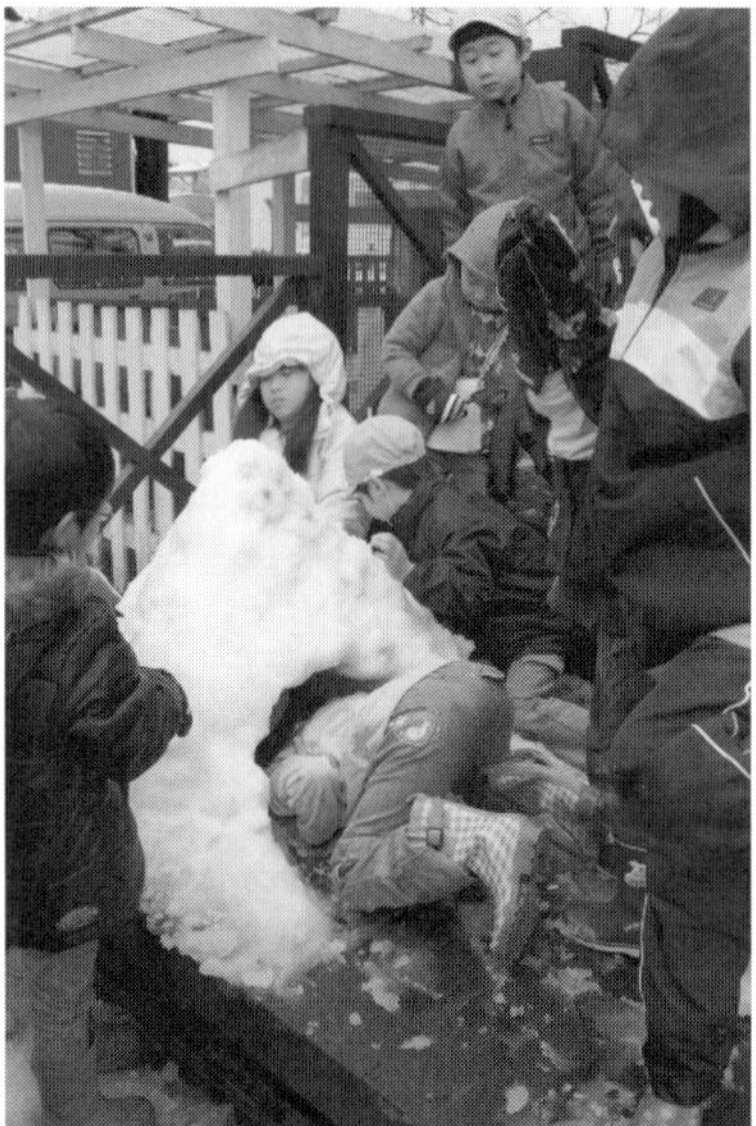

桜の花びらがひらひらと散ってくればいっしょに舞い踊り、キンモクセイの花の香りに誘われて木に登り、枝を揺り動かして星型の花を落としては集めています。紅葉し、強い北風にちぎられて暴れて落ちてくる葉っぱの嵐のなかで落ち葉浴びをする楽しさに、仲間や保育者といっしょに夢中になって歓声を上げます。

砂を手に取ってさらさらとした感触を味わい、そのうち水を運んできて混ぜあわせるとうれしそうな表情を見せます。いつのまにか仲間も増え、みんな裸足になって大地を踏みしめての泥あそびに夢中になります。寒い北風のなかで庭に座りこみ、乾燥した砂を集めて泥団子を大切に大切に、やさしく撫《な》でてはピカピカに磨きあげています。

たくさんの小動物たちを見つけだしては、捕まえようとします。おっかなびっくり、やっとダンゴ虫を手にした子どもの顔は満足感でいっぱいです。ミミズを捕まえた子どもが、ほかの子に触らせようとしてキャーキャーと逃げていく友達や先生を追いかけ回しています。庭で見つけたきれいなピンクの草の花を手にして、「これ何の花かな?」と図鑑で調べて「ムラサキカタバミだって」と知ります。それからというもの、「これは何の花?」が大流行です。

夏には涼しい場所、冬には暖かい場所を探しだしてはあそびの場所をつくりだします。その場その場で、保育者もいっしょに共感し、かかわり方を伝えていきます。あそびながら、身体を使ってたっぷりと自然の在り様を感じ取り、どうかかわればいいのかも知っていくのです。また、風の流れに匂いや温度の変化に気付き、日差しの強さ、天候の変化、木々の変化などから季節を感じ取るようになります。こうした原体験が、やがては科学的なものの考え方にもつながっていくのです。

積極的に作物づくりもします。子どもたちの畑で、野菜づくりをしているのです。種まきから水やり、草むしりに収穫まで、子どもたちの手で育てていきます。小さい芽を発見して興奮する子どもたち。ときには、出てきたばかりの芽をアオムシに食べられてしまうこともあります。早速、アオムシ退治です。捕まえたアオムシを、飼育しはじめるということもあります。手をかけて成長を見守ってきた野菜たちをもぎ取ったり、掘り出して食べるときに見せる子どもたちの姿はとてもうれしそうです。野菜嫌いな子どもが、自分のつくった野菜ならペロッと食べてしまう姿を何度も目にしてきました。作物を育てることと、収穫して食べることのつながりをはっきりと実感し、食べて生きている自分たちの存在を意識することにつながっていくのです。

また、ウサギやヤギ、カメなどの小動物を飼育することは、命の営みを身近で共有することになります。小さかったウサギが日に日に大きくなっていく姿、命の育ちを目の当たりにするのです。もちろん、世話をするのは子どもたちです。単に愛玩動物としているのではなく、いっしょに生きていく仲間としてかかわっているのです。

小さいときから少しずつ世話の仕方を覚えていき、年長になるとすべて自分たちで食べ物や水を与え、小屋の掃除もします。ともに生きている動物を自分たちで世話をし、支えることで動物を愛おしむ思いが深まるとともに、生きているということを実感するのです。それはまた、自分自身が生きているということにつながっていきます。

動物との長い暮らしのなかで、仲間である動物の死に向きあうこともあります。死んでしまった動物を前に、子どもたちの心は大きく揺れ動きます。そして、その死を目の前にして、生きているものが死んでいく現実と、同じ生き物としての自分、つまり人間の「生」と「死」を身近に感じるのです。

自然の姿は、ただ美しく気持ちのよいものだけではありません。強い風が不安を運んできたり、雷に心臓が飛びでるほどびっくりしたり、急に太陽が黒い雲に隠されたときの暗さに不安を感じたりもします。不気味なことや嫌な感じがしたり、目に見えませんが恐れを感じる存在があることを知ることも、大切な心の栄養になるのです。

身の周りにある自然とのかかわりを積極的に生活のなかに取り込み、五感を通して受け止めて働きかけていくという毎日のなかで豊かな身体と心を培っていき、自然の一部として生きている自分という存在を感じ取ってほしいと思っています。そして、この原体験をもとに、子どもたちが大人になったとき、人間が自然とともに生きているという実感をもって暮らしていくちからを身につけてほしいと願っています。

1 全身で大地を感じる

幼児期ほど、身体全体で大地を感じることが重要な時期はないでしょう。私たちが大地の上に生きているという感覚は、幼児期にこそ獲得されるものです。この感覚は、生きるちからの基礎にもなるものです。入園当初には裸足になることを嫌がっていた子どもも、保育者が率先して裸足になり、いっしょに園庭であそび、その心地よさと開放感を体験していくと、やがて子どもも裸足が大好きになります。年少の保育室に面した庭「ひよこの庭」（一四ページ参照）を担当している保育者は、毎日庭の手入れをして、心地よい地面づくりに頑張っています。

あそびのなかで身につけた土に対する感覚は、やがて年長になってから畑仕事で見事に発揮され、イモ掘りのときでも、素手で土とイモの感触を楽しむことになります。また、ときにはちょっと羽目を外して、泥まみれになってあそぶときには、園に備えてある「泥あそび専用パンツ」に履き替えて思う存分に楽しみます。ときどき、泥あそびや泥だんご用に黒土を園で買ってくることもあります。そんな泥あそびのあとは、園庭にある温水の出る足洗い場で手足や、ときには全身を洗ってから回廊デッキを通って室内に入ります。

子どもが身体全体で大地を感じるように努めること、それは保育の要《かなめ》の一つと言えるでしょう。

この感じ

どろどろ　とろとろ
ぬるぬる
わー　このかんじ
やめられない!!（年中）

どろんこのベッド

水のかけあいもひと段落し、ふと気が付くとあたりはドロドロ。

最初は、水がかかったり、泥が身体につくのを嫌がっていた子どもも、そのなかに足を一歩踏みだしてみた。すると、太陽の光で温かくなった泥が気持ちよかった。とても気持ちがいいので、座ってみたようだ。座ってみたらもっと気持ちよくなって、寝ちゃったね。あまりにも気持ちがよかったから、身体が勝手に動いちゃうんだ。（年中）

2　季節を感じる

かつて子どもたちは、あそびを通して四季を感じてきました。春には野の花であそび、夏には虫捕りや水あそび、秋にはドングリを集め、冬になったら雪合戦や「おしくらまんじゅう」などをして身体を寄せあいました。子どもたちのあそびは、季節の巡りとともにあったと言っても過言ではないでしょう。

ところが、都市化の波のなかで原っぱなどの身近な自然が失われ、室内においてゲーム機などであそぶことが多くなってしまいました。また、季節のあそびの伝承が途切れてしまって、あそびのなかで季節を感じることができなくなりました。だからこそ、せめて園のなかでは季節を感じるようなあそびをさせたくなるのです。

そのためには、園の環境を整えなければなりません。たとえば、園庭の一部は草が茂るような所にしておくとか、色水あそびができる「ヨウシュヤマゴボウ」を抜かないでおくとか、オナモミ（実を投げあってくっつけてあそぶ）など、あそびの素材になるような草花を生やすようにしています。

伝承的な行事も季節とともにあります。七夕、節分の豆まきなどは園をあげて行っており、みんなで楽しんでいます。

ケーキづくり

畑に菜の花がいっぱい咲きました。畑の様子を見にいったのですが、それを見て思いつきました。

「すてきな、きれいな　ケーキを　つくろう！」

「はなを　さがしにいこう」

早速、花を見つけるために園庭のあちこちに行ってみました。

畑では、ダイコンの白い花、日なたではタンポポの黄色い花が見つかりました。いよいよ、新作のケーキづくりのはじまりです。（年長）

ヤマゴボウのジャムづくり

「できたよー！　ボウルとおわん、もってきて！」

「いっぱい　つぶしたら　ジャムみたいだ。うわぁ、ても　まっかっか！」

ヤマゴボウは、夏と秋からの子どもたちへの贈り物。この色と、つぶしたときの感触がたまらなく好きな子どもたち。

明日は、この秋の贈り物で何をつくるかな？（年中）

ゆき、あつまれ

とても寒い日。ほんの少し雪が散ってきたのを見て、みんなで庭に飛び出した。

「ゆきだあ、ゆきだあ」と走り回ってから、「あれー、ゆき、よくみえない」、「あんまり……」

「あれ、せんせいのあたまに、ゆきくっついているよ」、「みんなも、ついているよ」

「先生のマフラーで雪、とってみようか」、

「わあー、すごい。ついたついた、いっぱいついた」、

「ゆき、あつまれ、あつまれ」（年少）

はっぱのネックレス

「み～つけた。こっちにも　きれいないろの　はっぱ」

「うわぁ、こっちにも　いっぱい　ある！　これも　いい」

「あと　どのくらい　あつめれば、できるかな？」

「あの　クラスで　みた、はっぱを　つなげて　つくった　ねっくれす、かわいかったんだよねぇ。それをみて、わたしも　みすずちゃんも、ほしくなっちゃったんだ。でね、すきな　はっぱ　あつめて、じぶんでつくることにしたの」

「いいでしょっ！　あれ！　もうみすずちゃん、はっぱいっぱいもっている」

「よーし、わたしも、もっともっとあつめて、かわいい　ネックレスつくるぞ～！」（年中）

氷の家づくり

冷え込む日が続きました。そこで、大きな木枠をつくってブルーシートを張り、水をためてスケート場をつくることにしました。翌朝、見事に氷が張っています。

初めは恐る恐る、次第に大胆になってそのスケート場であそんでいたら、一センチほどの厚さの氷が割れてしまいました。

そこで「こおりを、だそうよ」ということになり、三角に割れた氷を割れないように外に出す「氷だしあそび」がはじまりました。

「てが、あかくなったよ」、「おおきいのが　とれた」、「あっ、われた」と大騒ぎをしていると、氷の山ができました。それを見た子どもが、「こおりのいえを、つくろう」と言いだし、手が凍えるのも何のその、氷の家づくりがはじまりました。

寒い朝、九時半ごろのことでした。（年長）

3　雨の音、風の音を聞く

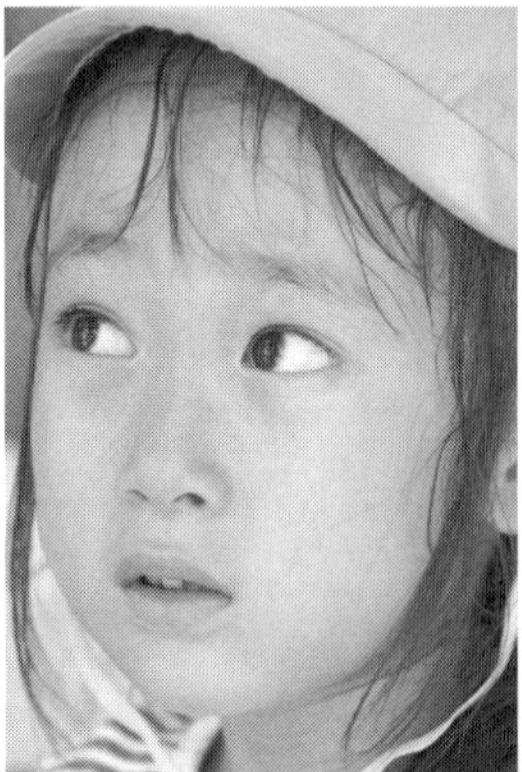

子どもたちの周りは、あまりにも「機械音」に満ちています。テレビ、ゲーム機、ケータイ、家電と、挙げたらきりがないほどです。子どもたちは、「機械音」の洪水のなかに生まれ出ると言っても過言ではないでしょう。

しかし、一歩外に出てみると、私たちの周りは実にさまざまな自然の音に満ちていて、「機械音」の騒々しさのなかでそれに気が付かないだけなのです。それはちょうど、都会の夜が明るくて星々の輝きが分からないのと同じなのです。

人は「機械音」のなかで暮らしていると、知らず知らずのうちにストレスが高まっていたりします。落ち着きをなくしてしまいます。一方、「自然音」のなかにいると不思議なぐらい穏やかな気持ちになるものです。このことからも、保育室は外界と直に結び付いていることが必要となります。各保育室は、回廊デッキやプライベートデッキによって園庭と直に結び付いています。これなら園庭に降る雨の音、木々の葉を揺らして通る風の音を聞くことができます。また、保育室から直接園庭に出ることもできます。

こうした環境のなかで、保育者も子どもといっしょになって、木々をわたる風の音、園庭に降る雨の音を楽しんでいます。

雨の音を聞く

たくさんあそんで、たくさんおしゃべりして、たくさん走り回って、たくさん笑って、たくさん泣いて、そしてたくさん食べるみんな。

そんなみんなも大好きだけれど、こんなうしろ姿も大好き。

ねえ、何見ているの？　何を感じているの？

落ちてくる雨、土にはねる雨の音、雨と土の匂い、しっとりとした空気？

こんなときには、何もしゃべらず、じーっと、そっと、ね。

（年少）

風の音を聞く

ふと、大きな欅の葉が揺れる音に気付いた。

ザワザワ、ザワザワ、何とも不思議な気持ちになった。

子どもの心が「ゆらり」と揺れた瞬間。

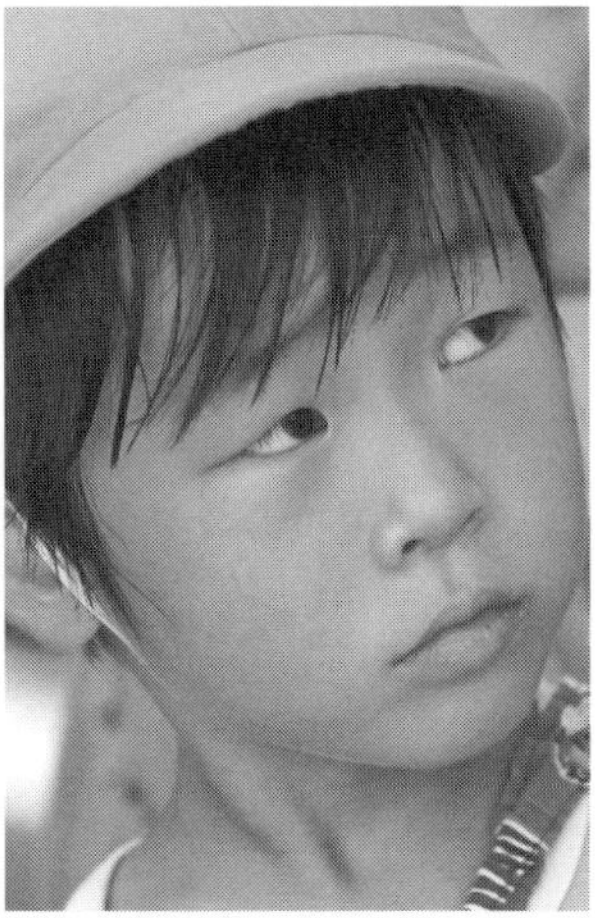

4　誕生、成長、そして死に出合う

　子どもたちは、セミやトンボといった虫捕りをしなくなりました。かつて子どもたちは、こうした生き物を捕まえては触り、ときには羽をむしり、やがて虫かごやバケツのなかで死なせてしまうような経験をたっぷりとしていました。そのときに指先を通して感じとれる虫の動きは、命そのものでした。どれほど優れた映像でも、この実体験には及びません。
　こうした経験が希薄となった今、生き物の生死と直接ふれあう機会を日々の保育環境のなかに積極的に取り入れることが必要となっています。年少では、回廊デッキで二羽のウサギを飼い、年中と年長では各保育室の前の回廊デッキでクラスごとにウサギを飼っています。離れた飼育舎ではなく、こうして身近な所で自分たちのウサギを飼うことによって、動物たちとのかかわり方が違ってきます。「園の」ではなくて、「自分たちの」ウサギなのです。また、ヤギも二頭飼育小屋で飼っていて、年長が当番で世話をしています。
　そのほか、ザリガニやカブトムシの幼虫を飼ったり、ときにはカナヘビ、カマキリ、トカゲなど、園庭などで捕まえた生き物が保育室で飼われていたりもします。朝から、それら動物のために生き餌を探す子どもの姿があります。ここでも、一つの命が別の命が生きるために失われることを子どもたちは知ります。

子ウサギが来た

「ふわふわしているよ」

「ちいさいね」、「かわいいね」

「ふるえているから、さむいのかな」


クラスで飼う子ウサギが、初めて来た日のことです。（年中）

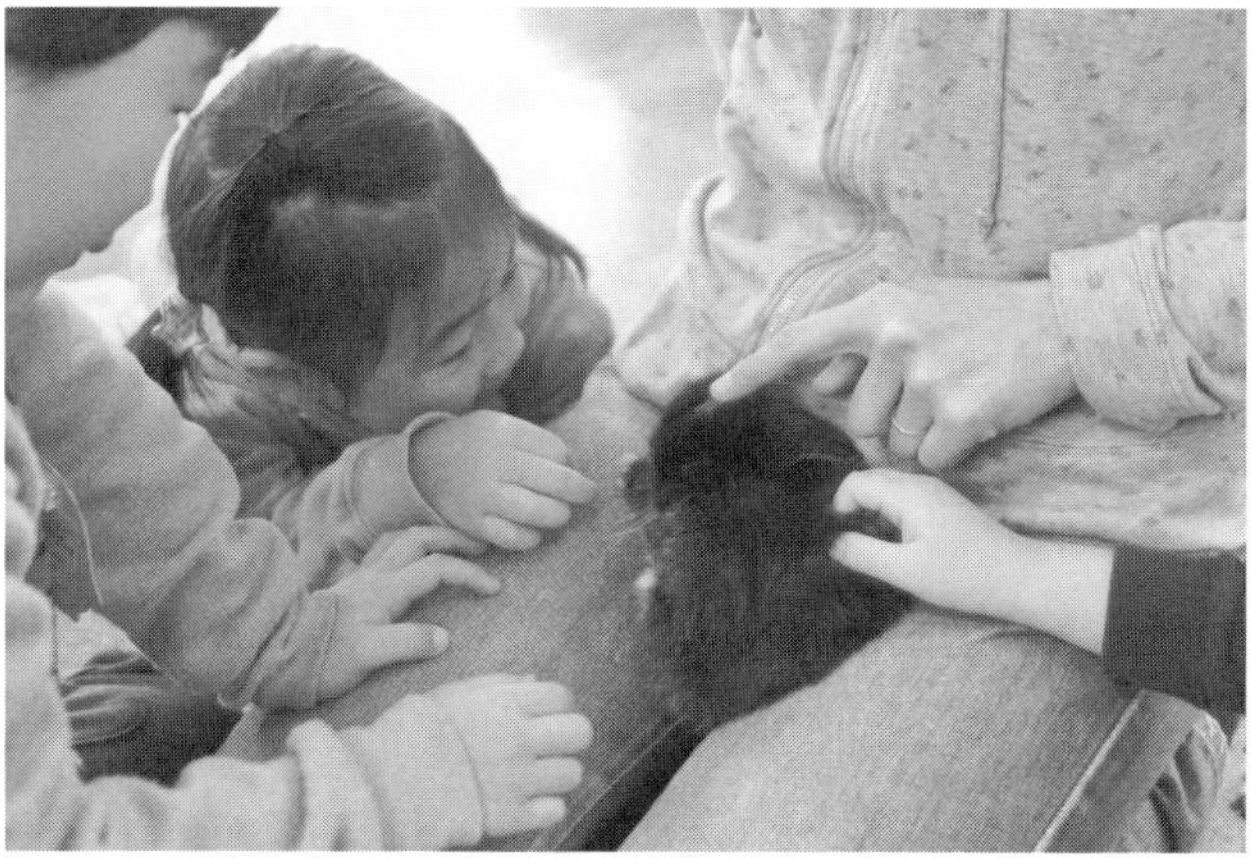

セミの抜け殻発見

まるで宝探し。木の葉に目を凝らして探している。

「せんせい、あった、あった！　ほら、あそこ！」

手を伸ばして取ってあげると、両手を差し出して待っている。


強く握ると粉々になってしまうセミの抜け殻。

そっと、掌にのせて見つめている。（年少）

カマキリのあかちゃん

「なになに、みせてよー」、「かまきりのたまごだよ。おばあちゃんちの、にわのきに、ついていたの」

　クラスは大騒ぎになりました。

「どこから　うまれるの？」、「いっぴきしかでてこないの？」、「むくむくいっぱいいでてくるって、おにいちゃんがいったよ」、「なにたべるの？」

　図鑑を取りに行き、早速あれこれと研究をはじめました。それからのこと、毎日虫かごをのぞき込んでいましたが、なかなか出てこないので、いつのまにかみんなの意識はどこかへ……。

　そんなある日のことでした。「あっ、かまきりだ」という叫び声がしました。クラスにいた子どもたちが飛んでいってみると、すでに虫かごから出ていて、靴箱やら靴の中までそこいらじゅうに赤ちゃんカマキリが、しっかりと鎌を持ち上げてはい回っていました。

「わーちびかまきりだ」、「すごい、いっぱいいる」

　ほかのクラスの子どもたちまでやって来て、大騒ぎとなりました。

（年長）

ちびちゃんとの別れ

ある朝、水に浮いているザリガニの「ちびちゃん」を発見。登園早々、クラスは大騒ぎになりました。

「たいへんだ、はやく　くすりを　のませよう」

「びょういんに　つれていって、なおして　もらおう」

「きのうから、げんき　なかったよ」

飼育ケースを囲む輪から、いろいろなつぶやきが聞こえてきます。

なかには、「あたらしいザリガニをかってくればいいじゃない」とつぶやく子どももいます。

柿の木の下につくったお墓の前で、死んでしまったら、もう生き返ることはできないことを話すと、子どもたちは真剣な表情になり、小さな手を合わせていました。（年少）

5 畑で育てて収穫し、そして食べる

畑は園庭の続きにあって、広さは一五〇平方メートルほどです。園庭の落ち葉でつくった堆肥《たいひ》がたっぷりと入っています。毎年、春先に保育者が耕耘機で深く耕しますから、作物も元気に育ちます。

畑仕事をするのは年中と年長です。どんな作物をつくりたいか、各クラスで話し合っています。保育者は、子どもたちが育てたい作物について、畑に適しているかどうか、時期があうかなどを子どもたちと話し合い、できるだけ子どもたちの希望を生かしながらつくる作物を決めます。毎年よくつくられている作物は、小松菜、ダイコン、カブ、ニンジン、枝豆、キュウリ、トマト、トウモロコシ、ピーマン、キャベツ、オクラなど、多種にわたります。

園庭の地続きなので、畑はとても身近なものとなっています。毎朝の水やりも、育ち具合を見ることも気軽にすることができます。もちろん、作物が実るためには、保育者による適正な管理が必要となります。

大事に育てた作物の収穫は、大きな喜びです。その多くは、園庭で火をおこして煮て食べたり、キュウリなどは保育室で子どもが包丁を使って切り、お味噌をつけてみんなで食べたりします。

ほら　みて　みて

クラスの畑に腐葉土をたっぷり入れて、土の栄養は満点です。みんなで相談して、トマトの苗を植えることにしました。「おいしくなーれ！」なんて、おまじないをして苗を植えました。

次の日、登園するとまっさきに畑に飛んでいく子どもたち。「おみず、あげなくちゃ」と、畑から二〇メートルはある水道からじょうろにたっぷり水を入れて運びます。

「あっ、くさがあると、やさいのえいよう、とられちゃう」と、小さな草も見逃さない子どもたちです。こんな作業が、毎日毎日、繰り返されます。

やがて小さな苗は、ぐんぐん大きくなっていきました。

「あっ、はながさいた」、「あかじゃなくて、きいろなんだ」、「みどりの　トマトなんだ」

毎日、畑に行くたびに素敵な発見があるのです。子どもたちの心も、世話をするトマトとともに大きくなっていくように感じました。ある朝のこと、いつものように子どもが畑に行くと、真っ赤でピカピカの「トマト一号」ができていました。

「やったあ、まっかになった！」、「きっと、すごくおいしいよね」

こうして自分たちで育てると、トマト嫌いの子どもも食べられるようになるから不思議です。（年長）

畑のより道

畑に、キュウリの様子を見に出掛けていった二人。でも、キュウリの花の横にテントウムシを見つけてしまいました。「きゅうりの　あかちゃん」を見るのはあとにして、そっと手を伸ばして……。

（年長）

冷たさもなんのその

みんなで育ててきたダイコンを、とうとう収穫しました。ズボンと抜けるときの手応え。それにドロドロ。水は冷たくても、きれいに洗うのはうれしいことです。真っ白なダイコンが、冷たさを忘れさせてくれます。（年長）

格別なとき

私たちの畑の枝豆がふくらんだ。やっと収穫できるよ。根っこから抜いてきたけど、それでいいんだ。そうそう、一房ずつ取って、ここに集めてね。

草も一生懸命に抜いたからいっぱい枝豆がついているね。さあ、火をおこして、飯ごうで茹でてみんなで食べよう！

せっかく火をおこしたのだから、麦茶もつくることにしました。茹《ゆ》であがるまで、火を囲んで畑の話、火の話、いろんな話ができました。育てた作物が茹であがるのをみんなで待つ時間には、格別なものがありました。（年長）

エピソード　クモの巣、扇風機のあれみたいだよ！（年少）

夏休みも終わり、二学期がはじまってもまだまだ暑い日が続き、部屋のなかは熱気がこもっています。でも、外のデッキには木々をわたってくる気持ちのよい風。そこで、机と椅子を持ちだして、ここでお弁当を食べることにしました。子どもたちは、長い休みのあとの再会がうれしくて、賑やかにおしゃべりを楽しみながらの昼食となりました。

そんななか、かなちゃんとはるきくんがデッキの柵のところで何かを発見したらしく、指をさしながらワイワイ、キャッキャッと面白がっています。

「せんせい、せんせい、くものす、せんぷうきのみたいだよ！　ほら、みてみて」と言うかなちゃん、キラキラした目で私を呼んでいます。

「えー、どこどこ？」と、キョロキョロすると、ほかの子も「なに、なに」と興味津々集まってきました。「ここだってばー」とはるきくんが言って、近くまで行って指さしてくれました。そこには、大きなクモの巣が、ときおり吹く強い風にあおられて、ぷくっと膨らんでいます。

そのぷっくりクモの巣が、扇風機にかかっているカバーが風で膨らむ様子にそっくりです。そのぴったりの表現に、「あっ、ほんとうだ！　わー、おもしろーい！」と思わず大笑いです。ほかの子どもたちも見つけると、「わー」、「へー」、「きゃっきゃー」と大笑い。その反応を見て、発見者であるかなちゃんとはるきくんはますます大笑いです。

「でしょう！　せんぷうきのあれでしょ！」と言ったのはかなちゃん。

その様子のおもしろさと、その大発見をみんなに知らせて、同じように共感していっしょに大笑いする楽しさ。みんなで笑っては顔を見合わせ、そしてまた笑いあう。何だか楽しさが倍増していきます。

そのあとは、声をそろえての「かぜふけー」の大合唱。そして膨らむと、「きゃっきゃっきゃー」。この繰り返しがしばらく続いた一日でした。

エピソード　まろんちゃんがいない　（年中）

二学期初日、クラスで飼っていたウサギのまろんちゃんが小屋にいませんでした。久しぶりの登園で、そのことに気付いていない様子の子どもたちでしたが、まさおくんが「あれ？　まろんちゃんは？」と気付きました。そして、その言葉がクラスじゅうに伝わり、まろんちゃん探しがはじまったのです。

「まろんちゃんは、ドアがあいていてにげたんだよ」

「おばけにつれていかれたんだよ」

「えー？　おばけ？　たいへんだ！」と、子どもたちは一気に園内のデッキに走りだしました。ほかのクラスに行き、「まろんちゃんみなかった？」、「まろんちゃんしりませんか？」と探し回っています。また、もみじの庭（一四ページ参照）の地面をじっと見ていたのぞみちゃんが、「まろんちゃんのあしあとだ！」と大声で言ったので、一斉にもみじの庭へ出て足跡をそっとたどりはじめました。足跡がなくなった場所の穴を掘りはじめたのですが、いくら掘ってもまろんちゃんは出てきません。

「まろんちゃん、もみじのにわからにげて、こうつうじこにあったんだよ」

「え？　こうつうじこ？　せんせい、まろんちゃんしんじゃったの？」

そんな言葉を受けて私が、「これからまろんちゃんのことで、みんなに大事な話をするね」と言うと、その途端に子どもたちの表情が硬くなりました。

実は、一学期の最後の日にまろんちゃんは亡くなっていたのです。夏休みをはさんで一か月以上も前のことなので、子どもたちはまろんちゃんのことを忘れてしまっているのではないかと思っていたのです。しかし、子どもたちは、「まろんちゃんのことを、わすれるわけないじゃない」と、真剣に私の話を聞いてくれました。

当然といえば当然のことかもしれませんが、そんな子どもたちの温かい気持ちがうれしかったのです。自然と「まろんちゃんのおはかをつくろう！」という声が上がり、お墓をつくったあとに手紙を書き、お花やごはんをお供えしました。それから、年中での生活が終わるときまで、みんなはまろんちゃんの存在を忘れることなく、まろんちゃん宛に手紙を書き続けたのです。

エピソード　ヤモリのやもちゃん　（年長）

子どもたちは、あさこちゃんを中心に、毎日のようにヤモリのやもちゃんを飼育ケースから出して触ってあそんでいました。あさこちゃんが平気で触るのを見て、触れない子どもたちも興味津々となっていきました。ハエや蚊、蛾などを捕って、あさこちゃんはやもちゃんの口の中に入れるのですが、やもちゃんはそれをモグモグと食べています。そんな様子を見て子どもたちは、「たべたー！　せんせい、やもちゃんが、がをたべたよ！」と、うれしそうに報告してくれます。

「きょうは、やもちゃん、くろいね」

「やもちゃん、きょうは　しろいね」

毎日、ヤモリの様子を観察していると、自然とヤモリに触れるようになる子どもが増えていきます。そして、触れるようになると、うれしそうに「せーんせーい！」とヤモリを持って私に見せにきてくれます。

「触れるようになったんだ。すごいね」と言うと、「せんせいも、もってみる？」と、すすめられてしまいます。

「あぁ……先生はいいよ」とお断りすると、「なんで？」という素朴な疑問。

「だって、気持ち悪いじゃん」

「きもち　わるくないよ。かわいいじゃん」と言う子どもたち、ヤモリを持って、「せんせい、ほら！」とわざと私の顔に近づけてきました。つい、「ひやぁぁ！」と驚いてしまった私です。

その後、子どもたちは、毎日のようにニヤニヤして「せんせい！」と、ヤモリを私の顔に近づけるようになってしまいました。そのたびに、「ひやぁ！」を繰り返しています。

味をしめた子どもたちは、ヤモリを持っていろいろなクラスの先生たちの所へ行っているようです。先生たちが「うわぁ！　びっくりした！」と驚くことを期待して、試していたようですが、あんず幼稚園の先生たちはそう簡単には驚きません。

「へぇーヤモリだ。みんなぁ！　見せてもらおうよ。ヤモリだって」とか、「わぁヤモリだ。かわいいね。私にも触らせて」と、平気で持ってしまう先生もいるのです。笑いながら、拍子抜けして残念がっている子どもたちの顔が私の目に浮かんできました。

第3章

「人」とのかかわり

子どもたちは、人とのかかわりのなかで、社会で暮らしていくために必要となる多くのことを学び、人として生きるちからを培っていきます。幼稚園に入園した子どもたちは、家庭という小さな社会から、さまざまな人々がともに暮らす幼稚園という社会に出合います。ここで、どのような体験をし、どのようにそれを積み重ねて、生きるちからをじっくりと培っていくのかが重要となります。

園での生活で、子ども同士のかかわりこそが大事な育ちの機会であることは言うまでもありません。初めて出会った子どもたちは、いろいろな姿を見せます。大好きなブロックであそびはじめた子どもが、ふと隣で同じようにブロックであそんでいる子どもに気付き、互いに様子をうかがいはじめます。

朝の登園のバスに乗り込むと、偶然座席が隣同士になり、それから毎朝同じ席に座って顔見知りになる二人。また、お気に入りの靴を履いて幼稚園にやって来た子どもが靴を脱いでいると、隣の子どもが自分と同じピンクの靴を持っていてびっくり。思わず顔を見合わせて「おんなじだね」と話しかけます。時には、大好きなクマのぬいぐるみ人形を使ってあそぼうと手にしたら、もう一人の子どももクマのしっぽをつかんでいて取り合いっこで大泣き。それからいつも取り合いっこの二人。こんなふうに、いろいろなことがきっかけで子どもたちのかかわりがはじまっていきます。

互いに知りあい、名前を覚えるようになると、子どもたちの本領が発揮されます。朝から大好きなあそびに夢中になり、いっしょにあそぶことで楽しさを共有し、かかわりを深めていきます。おもちゃの電車であそびはじめ、二人でどこまでも線路をつなげて大はしゃぎです。

夢中になって、泥だんごをこすっては光り具合を自慢しあいます。いっしょにネコのお面をつけてダンボールの大きな箱でつくった家に潜りこんで「ニャーニャー」とネコの家族ごっこです。

こうして互いに距離が近づいてくると、自分の思いを自由に出すことから親しさも加速しますが、それぞれの思いがぶつかりあってトラブルも起きるようになります。「困ったなー」と思うような場面でのかかわりも、お互いを知っていく機会となります。

こうした少人数でのあそびから徐々にかかわる人数も増えていき、あそびの幅も広がっていきます。二人で椅子を並べて電車に見立て「電車ごっこ」をはじめると、「いれてー」とお客さんが入ってきます。そのお客さんといっしょにあそんでいた子どもがまた仲間に入ってきて、どんどん「電車ごっこ」がおもしろくなっていきます。

ままごとコーナーで動物ごっこをしている数人が、隣のコーナーで「病院ごっこ」をはじめている子どもに気付き、「うさぎの　あかちゃんが　おねつだから、びょういん　いってきまーす」と出掛けていって、二つのコーナーのあそびがつながっていきます。たくさんの友達とのあそびの醍醐味を、心と身体で味わっていくのです。

また、ケンカがはじまって泣きだした二人の周りに子どもたちが集まってきて、「どうしたの？　なんでけんかに　なったの？」と訳を聞いて仲裁しようとする姿も見られるようになり、子ども同士のかかわりが深まり、豊かになっていきます。あそびの場面と同様に、生活を進めていく場面でも、グループの仲間やクラスの仲間といっしょにちからをあわせることも体験していくのです。

こうして培った仲間とかかわりながら暮らすちからが、クラスのみんなでつくりあげる「制作展」のような大きな取り組みを実現する姿につながっていきます（一九二ページ参照）。

同年齢の仲間と同様に、異なる年齢の仲間とのかかわりも大切です。年上の子どもの姿からいろいろなあそびのおもしろさや日常の暮らし方を知り、自分もやってみようとするのです。泣いていたり、困っているときに、優しく接してくれる年長のお兄さんお姉さんを見て、自分もあんな年長さんになりたいなぁと、大きな憧れをもちます。年上の子どもは、小さい子どもの面倒を見てあげたり、いっしょにあそぶことで、小さい子どもへの思いやりとともに、自分というものの存在の大きさを味わう機会となります。

このように、仲間と暮らしながら、たくさんの喜びや楽しさを日々身体いっぱいに味わっていきます。同様に、怒り、悲しさ、後悔、挫折感、不条理なども体験していきます。相手の思いに出合いながら、自分の思いにも出合っていくという繰り返しのなかから、自他の存在の在り様を実感していくのです。そして、互いに自己主張し、折りあいをつけながら人と暮らすことの素晴らしさを感じ、人への深い愛着をもって豊かな関係を築いて生きる術《すべ》を創造していくのです。

保育者は、子どもたちが両親や家族と離れ、幼稚園という場で初めて出会う大人です。その保育者は、まず子どもの思いに寄り添いたいと考えます。子どものちょっとした行動や言葉、表情などを読み取りながら、その子どもの思いを受け止めてかかわっていきます。そして、子どもは保育者が安心できる人であり、自分の思いを伝えられる味方と感じるようになり、お互いに心の通った存在になっていきます。

この関係をベースとして、あるときはともにあそぶ仲間となり、困ったときにはちからを貸してくれる人になります。新しいあそびや活動を提案していくことや、素敵なことができる憧れの存在にもなります。時には、すべきことやしてはいけないことを示唆する存在でもあります。保育者は、子どもを丸ごと受け止め、共感し、応援しながら、ともに生きる大人として人とのかかわりの在り方を伝えていきます。そして、子どもたちからも、日々、多くのものを受け取っています。

クラスの担任以外の、たくさんの個性的な保育者たちとのかかわりも子どもたちの暮らしを豊かなものにしています。そして、子どもたちとともに暮らす保育者同士のかかわり方も、子どもたちの成長にとって大きな環境となります。大人同士が、一つの信念に貫かれながら、コミュニケーションを取り合い、それぞれのもつ個性を十分に発揮し、生き生きと暮らすことで、子どもたちを包み込む豊かな空気をつくりだすことができるのです。

そうした暮らしが実現できるのは、何より、子どもたちの父母家族の理解と信頼があってこそのことです。子どもたちを囲んで、園と家庭が協力しあいながら、その育ちにかかわっていきます。

1 親以外でも自分を待っていてくれる人がいる

四月、園生活をはじめた子どもたちにとっては、生まれて初めて親から離れて、たった一人で試練の場に置かれることになると言っても過言ではないでしょう。そんなときに温かく受け止めてくれる保育者や年中、年長の子どもたちの存在は、子どもたちにとってこのうえない励ましとなるでしょう。

ひよこ組（年少）の子どもたちの登園初日は、全教職員、在園生みんながそろって新入園児を迎えます。一クラスは、毎年一五名前後。ですから担任は、保育室で一人ひとりの子どもをしっかりと受け止め、迎えることができます。

回廊デッキから直接保育室へ行きますが、上り口には年長児が待っていて、手をつないで保育室まで連れていってくれます。でも、まれに泣きじゃくってしまって、年長児では対応できないようなときは担当の保育者が抱きあげて、言葉をかけながら保育室まで連れていきます。保育室まで、親がついてくることは絶対にありません。

新入園児が親から離れての園生活での「初めの一歩」は、一人ひとりを温かく受け止める、こうしたチームワークのなかで踏みだされているのです。

大好き

男の先生が大好き。

お父さんのことが大好きだからほっとするのかな。（年少、入園時）

ママー

「ママー、ママがいいんだよ」

「そうだね、ママがいいよね」

「ママー、ママー」

「うん。泣いてもいいよ。先生、こうやってだっこしているから」

（年少、入園時）

2 名前を知りあう

名前を知ることは、子どもと子どもの関係をつくるときに大きな役割を果たしています。たとえば、自分が言いたいことを相手に伝えるときに、その子どもの名前を知っているか否かでは大きな違いが生まれます。「あのこが、ぼくのおもちゃをとったの」と、保育者に訴えてくる入園初期では、友達ではなく、あくまでも「あの子」なのです。それがやがて、「……ちゃんが」と言うようになると仲間関係が芽生え、いっしょにあそぶ姿も見られるようになります。

ですから、仲間意識はまずお互いの名前を知りあうことからはじまると言っていいでしょう。そこで入園初期には、朝からたっぷりと好きなあそびをさせて、そのなかで自然に友達の名前を覚えることを大切にしています。登園してかばんをロッカーにかけると、すぐにお気に入りのおもちゃのところに飛んでいきます。もし、あとから来た子どもが同じおもちゃであそびはじめたりすると、そこに自然と会話が芽生えます。そのなかで、お互いに名前を知りあうようになります。

こうした場面では、おもちゃの取り合いになったり、いろいろなトラブルも起こりますが、これもお互いの名前を知りあうことに結び付いていきます。名前を知りあうことは、あそびをともに楽しむことでもあるのです。

なまえは？

「ねえ、なにしているの」

「たんけんたいだよ」

「そうなんだ。なまえ、なんていうの」

「けんたくん」

「かわいいね。ついていっちゃおうかな」

（年少、年長）

初めていっしょに

「うーん、なんだかいい匂い。こうたくん、ひろしくん、なにつくっているの？」

まだ、お互いの名前を知らない時期、あそびのころあいを見ながら、保育者は意図的に二人の名前を呼んで仲間に入れてもらいます。

（年少）

3　何となくいっしょにいることから仲間に

「何となくいっしょにいる」という、いわば「お試し期間」のようなあそびの姿が入園当初はよく見られます。いっしょにあそんではいるのですが、それぞれが勝手にあそんでいるのです。あそびそのものは「一人あそび」なのですが、いっしょにいることで安心感のようなものが感じられるようです。そして、この関係は、のちに集団的なあそびに発展するための「ゆりかご」として、とても大事な関係となります。

しばらくすると、あそび道具の取り合いがはじまったり、決まった子ども同士であそぶ姿が見られたりするようになります。「何となくいっしょ期」のあそびのなかから、仲間であそぶことや自分の欲求を相手に出すというような、質的な変化が自然に出てきます。そのためには、「何となくいっしょ期」がたっぷりと保障されていることがとても大事となります。

ゆっくりとした時の流れのなかで、保育者はせっせと古新聞を使ってあそび道具をつくったり、変身用のお面づくりを手伝ったり、人形を背負わせてあげたりなど、あそびの裏方に回ります。そして、時を見計らってあそびのなかに入って、活性化させたり、周りにいる子どもたちを引きこんだりしてあそびをいっしょに楽しみます。そうすることで、あそびの輪を広げたり、新たなあそび仲間の誕生へとつなげていくのです。

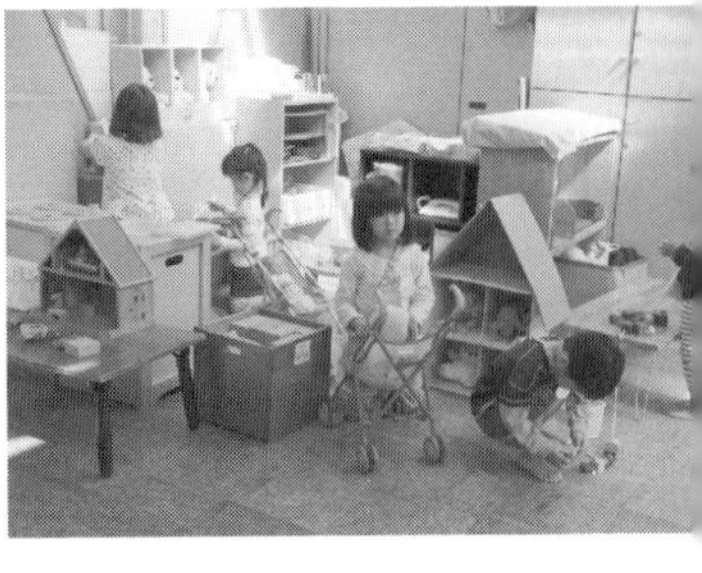

同じものであそぶ

シーツを柱に結び付けて、おうちをつくる。

おばけちゃんたちが、お家に入ってジュースを飲んでいる。

同じ場所で、同じ格好をして、同じものを持って……これがなんだかうれしくて、楽しい。（年少）

「けいどろ」へ仲間入り

年長さんがやっていた「けいどろ」、興味津々で見ていた。「入れてって言ったら入れてもらえるかも」と保育者が言ったら、すぐに声をかけに行った。そしたら、年長さん、「いいよ」って言ってくれたんだ。みんなうれしそうにすぐに仲間入りさせてもらった。

やり方を教えてもらったけど、初めてやったからよく分からなくて、すぐにつかまっちゃった。年長さん、速かった！

ちょっぴり難しいルールも新鮮で楽しかったんだ。だから、次の日もまたすぐにあそびに行っていた。何と言っても、年長さんが手加減なしで本気で追いかけたり、逃げたりしてくれたことがうれしくって、たまらなかったんだ。（年長、年中）

4 子どもの思いを察する

保育者にとって何よりも大切にしなければならないことは、一人ひとりの子どもの思いを察することです。子どもは、まだ言葉にならないさまざまなメッセージを発している存在です。それは、子どもたちが自分の欲求をうまく言葉にすることができないという、発達段階によるものでもあるでしょう。

「思いを察する」とは、保育者が子どもの思いを先取りするということではありません。それは、いっしょにあそびを楽しみ、ときには寄り添い、子どもの内面を心で感じとることだと思っています。保育者自らの想像力を生き生きとさせ、子どもたちの心の小さな揺らぎを感じとれるアンテナの感度を高めることだと思います。

このことは、保育の仕方とも関係します。もし、あらかじめ立てた保育計画どおりに慌ただしく一日が過ぎるような保育をしている場合は、子どもの内面の声を聞くことは難しくなるでしょう。保育は生き物です。一人の子どものために、作成された保育計画を変える日があってもいいのではないでしょうか。

子どもは、言葉にできない「思い」をていねいに察してくれたり、共感してもらったりすることによって保育者への信頼感をもつようになります。

タケコプターで飛びたいな

「せんせい、タケコプターの　ひもとれちゃった。つけて」

「いいよ。とれたら飛んでいけないものね」（年中）

なかないで

「ねえ、どうしたの？」

「ここで、ぶつかちゃったの」

「どこどこ、みせて。ここがいたいの？」

「もうだいじょうぶだよ。なかないで。へやにかえろうか」

年長さんが来てくれたので安心したのか、年少さんはいつのまにか泣きやんでいました。（年長・年少）

ひみつネ

「せんせい、いいこと　おしえて　あげようか」

「何々、教えて」

「でも、どうしようかな？　ひみつなんだから、だれにも　いわないでね」

「絶対言わないから」

「あのね……」

みんな秘密は大好き！　でも、いつも誰かに言いたくなっちゃうんだよね。

（年少）

みんなといっしょがつらい朝

「なにかね、くるときね、なにかね、いくのがいやになったんだ」

「ふーん、そうだったのか……。そうか、そうだね、そういうときもあるよね」

「うん……」

「これ、もってきたんだ」

「見せて」

「いいよ。こうやってできるの」

「おもしろいね」

「うん」

そして、しばらくいっしょにいると、

「わたし、そろそろいこうかな、みんなのところに」

「そう、そうする？」

「うん」（年長）

5 先生はあそびの名人

保育者として、少なくても一つは得意なあそびの技を身につけていると、子どもたちから大いに尊敬されます。たとえば、コマ、あやとり、剣玉、おはじき、ビー玉　折り紙といった伝承的なあそびです。

現代では、残念なことにこのような伝承的なあそびは途切れてしまっています。これらのあそびは、どれをとっても子どもの発達にとってとても役立つものでした。たとえば、コマは、紐を巻く技術を身につけなければ当然回すことすらできません。たどたどしく紐が巻けるようになっても、それで回せるわけではありません。年上の子どもが回すのを見て、まさに見よう見まねで回すのです。

ひたすら回しているうちに、ある日突然、回せるようになります。回せるようになればコマ回しのあそびに入れてもらうことができ、憧れの「けんかごま」に一歩近づくことができるのです。このような過程を経ることで、「見て学ぶ」、「工夫する」、「頑張る」、「達成感」といった貴重な体験を子どもたちはしてきたのです。

ある女性の保育者は、就職してからコマ回しを練習し、今ではかっこよく「空中手のせ」ができるまでになりました。伝承が途切れてしまった今、これらの伝承的なあそびを、保育者が「あそび名人」になって積極的に子どもたちに伝えていくことが必要となっています。

先生のお店屋さん

「おかあさんのお店屋さん」という保護者の会の行事に出店。

保育者たちも、変身してお店を出します。

「いらっしゃいませー！」

おかえし

暑い日、たらいに水をためて、みんなで水かけあそび。

子どもたちは、牛乳パックを片手に、保育者はバケツ片手に。

「ずるいよ」との声のなか、おかまいなしに水をかける。

やがて、保育者同士の水のかけあいになり、大人も子どもも夏の午後、水をかけあって涼みます。（年長）

じいちゃん怪人

春の親子遠足で長い枝を拾った園長先生が、突然、怪しい「じいちゃん怪人」になって大声を出しながら子どもたちを追いかけ回します。（年少、年中）

真剣勝負

「いっせーのせ！」、誰のコマが勝つのかな？

「せんせい、はくちょうぐみが、まけているよ」

「任せておけ」

「よし、これでどうだ」

勝負はこれから、これから。子どもも保育者も真剣勝負。（年長）

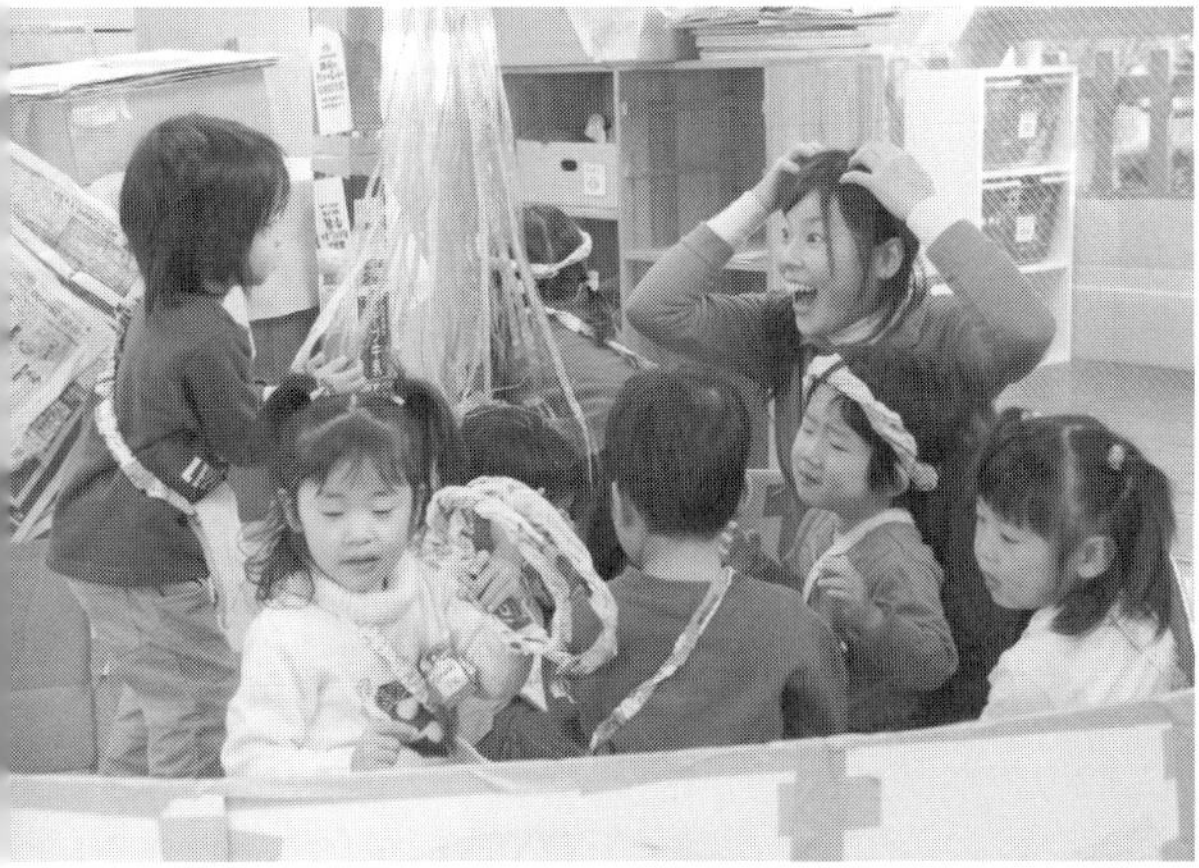

いっしょにおふろ

あそびの輪になかなか入れなかったゆうくんが、「しゃんぷー、もってきたよ」とおふろに入ってきた。

「わあーありがとう！」、「ちょうど髪を洗っていたところなの」

保育者にとって、とびきりうれしい一瞬！

（年少）

先生もいっしょに高さ競争

「もっとたかくしようぜ」
「なかまを、よんでくる」
「みずをかけて、かためようぜ」
「いいね、みずくんでくる」
「先生も入れて」

この山づくり、何日続くかな

（年長）

エピソード なみだの理由《わけ》（年少）

一学期、少し言葉が聞きとりにくいようでしたが、ひろこちゃんは真っ直ぐな眼差しでニコニコとあそんでいました。ところが、二学期がはじまると、登園時におかあさんとの離れ際で泣くようになったのです。初めは、夏休み明けなので、生活のリズムを取り戻せば数日で落ち着くと思っていましたが、なぜかひろこちゃんの涙は日常化していきました。

私は、ひろこちゃんの屈託のない笑顔を取り戻したくて、日常のなかからその原因を探っていきました。友達とあそべていないのか、自分のやりたいあそびがあるのか、保育者との関係がうまくいっていないのか、家庭の環境なのか……しかし、そのどれもが解決には至りませんでした。

そんななか、門で受け入れてくれる先生から、「朝、彼女のおかあさんも不安で瞳を潤ませるようになってきた」という話を聞き、翌朝から門までひろこちゃんを迎えに行くようにしました。この日からは、保育室の入り口までの時間もコンタクトのひとときとなり、私に抱っこされながら泣いてしがみつくひろこちゃんの耳もとに話しかけると、靴箱に着くころには少しずつ落ち着いてきました。

そんなことを数日繰り返したある日、部屋の中に入るとひろこちゃんが久しぶりに激しく泣きだし、朝の支度どころではありませんでした。

「ひろこちゃん、そばにいるからいっしょに支度をしよう」と言う私の言葉をきっかけに、タオル掛けにタオルを掛けると、再び私の顔を見ながら自分で動きだすようになり、「せんせい、あのね、ひろこね、コスモスはったの」と出席ノートに貼ったシールを見せてくれました。

よし！　これは、気分が大きく変わるチャンスになるぞと思い、すぐに「わぁ、コスモスきれいだね！」と会話を続けたのですが、すぐにプッツリと会話が途切れ、ひろこちゃんの目に涙があふれてくるのが見えました。

私は「しまった」と感じつつ、せめて気分を切り替えられればと思って、「あ、昨日、私が車で出掛けたらね、コスモスがいっぱい咲いてる所を見たんだよ」と話したところ、「どこにあるの？」と再び会話がはじまりました。

「あのね、小手指っていう所だよ。今度、ひろこちゃんもパパとママと行ってごらん。いーっぱい咲いててきれいだよ」

「あ、ひろこもいったことある！」

「そっかぁ。ひろこちゃんもコスモス、見に行ったんだね」

「うん。パパとママとね、くるまのね、ごはんやさんだよ」

私は、「ん？　あれれ？」と、いつのまにかひろこちゃんの頭のなかでは「花のコスモス」が「ガソリンスタンドのコスモス」になっていて面白いぞーと感じながら、さらに会話を続けました。

「そっかぁ、車のガソリン屋さんも『コスモス』だよね」

「うん。ひろこのうちのくるま、コスモスでおなかいーっぱいなの！」

と言った瞬間、自然と笑顔になっていきました。ところが、私自身がホッとしたその瞬間、ガソリンスタンドは「コスモス」ではなく「コスモ」だったことに気が付き、私は自分の勘違いがおかしくなり、思わず吹きだしてしまいました。

そんな私の止まらぬ笑い声に、いつの間にかひろこちゃんもつられて大笑いをしていました。二人で大笑いしただけなのに、そのあとひろこちゃんは、泣くこともなくあそびだしていました。もしかしたら、泣きだしたひろこちゃんへの私の不安がひろこちゃんに伝わり、それが理由でひろこちゃんを不安にさせていたのかもしれません。

エピソード　仲間と暮らすということ（年中）

二日前、あつこちゃんとまなみちゃんがママゴトコーナーでもめていました。あつこちゃんは大きな声で泣き続け、まなみちゃんはそれに負けないくらい大きな声で自分の主張をしていました。しばらくその状態が続き、私は「やれやれ」と思いながら近づいたところ、離れた場所にいたはずのすすむくんがまなみちゃんに近づいていき、「もっとやさしくいいなよ」とたしなめているのです。これまでかかわりが少ない二人であっただけに、おもしろいやり取りを聞くことができました。

私もそれに重ねて、まなみちゃんに「もっとやさしく言ったほうがいいかもね」と声をかけ、あつこちゃんに対しても、「大きな声で泣いていると相手も怒りたくなってくるから、大きな声で泣くんじゃなくて、話をしようね」と伝えました。

そして今日、お弁当前にするうがいのときに、あつこちゃんが袖をぬらし、「ぬれちゃった！　ぬれちゃった！」と大きな声を出して騒いでいました。すると、近くにいたまなみちゃんが、「あつこちゃん！『ぬれちゃった！　ぬれちゃった！』っておおきなこえ、だしてるんじゃなくて……」と、負けないくらい大きな声ときつい口調で語りかけたのです。私は、このあとのセリフはどうなるのだろう、と興味津々でした。

すると、まなみちゃんはここでわずかに間をつくり、そこから急に表情を和らげてニコッと笑顔を向け、やさしい口調で「（袖を）めくればいいんだよ」とアドバイスしていました。すると、あつこちゃんは泣くのをやめ、自分の袖に目を向けていたのです。

人は（子どもも）そう簡単に変わるものではありません。ところが、このまなみちゃんの振る舞いはどうでしょう。たった二日の出来事ですが、ここに子どもたちと暮らすおもしろさがあるのだと思っています。

第 4 章

「場」との かかわり

子どもたちが、人と出会い、あそび、自然を感じながら、安心して暮らすことができる場は、言うまでもなく、子どもたちが生活し、豊かに育つために重要なものです。

人は自分の意志によって場に働きかけて行動するとともに、場によって無意識のうちに行動を導かれています。自分の意志でコントロールしていると思っていることも、実は周りの条件に左右されているということのほうが多いのかもしれません。

そうすると、保育者が子どもたちにどんなかかわり方をすればいいのかと考えるとともに、場をどんなふうに構想し、具体的な配置をどのようにしていけばいいのかを考えて構成していくことも、子どもたちの豊かな育ちを保障するうえで重要なことです。

まず、保育室から考えてみましょう。子どもたちが、頭で考えるより先に体が動き出し、あそびはじめてしまうような場。自然に仲間とのかかわりが生まれていくような場。そんなことから保育室を構想してみます。

子どもたちの育ちの時期にあわせて、さまざまスペースが、ときには広く、ときには狭く、あるいは二つの保育室がつながったり独立したりということが臨機応変につくりだせれば、子どもたちのあそびが豊かに展開するのではないでしょうか。

子どもたち一人ひとりが興味を向ける先はさまざまです。一人ひとりが「自分のやりたいあそびを見つけ、そこに熱中できること」を大切にしたいと考えるならば、一つの保育室内にも、同時に平行していろいろなあそびが展開できるような場を用意したいものです。

また、一つの保育室だけでなく、いくつかの保育室（違ったクラス）のお互いの影響ということから考えてみると、違った視点が現れてきます。たとえば、四つのクラスの保育室がただ並んでいるだけでは、両端の保育室はお互いの様子を感じることができません。もし、自分の保育室内で集中でき、それでいてほかの保育室の気配も感じることができるという場が生まれたら、子どもたちはどんなあそびを展開していくでしょうか。

このような発想をしていくと、建築の都合上、通常四角形となる部屋の形も、固定的な発想にとらわれることなくもっと違う形がいいのではないかという考えも生まれてきます。それに伴って、通常「廊下」と言われる場も、ただある部屋から別の部屋へと移動するための空間ではなく、あそびの空間として造ってみてはどうだろうかという発想も出てきます。

次に、保育室と園庭とのつながりを考えてみましょう。子どものあそびから考えれば、その境目がはっきりとしているよりは曖昧であるほうがおもしろそうです。もちろん、生活の場ですから、きちんと保育室が独立していることも重要です。すると、はっきりと分けられながら、それでいて子どものあそびが展開している時間帯には曖昧さがあるような、保育室と園庭とのつながりを求めたくなります。

そこで、もう一度「廊下スペース」に立ち戻って考えてみると、保育室と園庭とをつなぐ縁側のような場としての構想も導かれてきます。移動するためだけの場ではなく、廊下も出会いの場であり、あそびの場としての機能もあわせもつように造るのもおもしろいと思えます。それが迷路のように循環できるとなれば、子どもたちの探求心を大いに刺激することになるでしょう。

幼稚園という空間において場を論じるとき、保育室以外にも重要な所があるということは言うまでもないでしょう。今度は、人と出会うということやあそびの多様性という面から考えてみましょう。やはり、異なる年齢のどのクラスの子どもも交じりあってあそべる場が欲しくなります。

ひょっとしたら、自分のクラスのなかで友達とケンカをしたとか、担任の先生に叱られて、「自分にも悪いところがあることは分かっている。でも、気持ちが切り替えられない」などというときもあるでしょう。そんなとき、そこに行けばほっと一息ついて安心ができ、自分の気持ちも整理できて、「『さっきは、ごめんね』と、いってみようかな？」と前向きになることができる、そんな場の存在が子どもたちにとっては望ましいのではないでしょうか。

そして、よく見落とされがちな場ですが、「子どもの生活の場」を考えたときにはトイレも重要な場となります。

子どもたちにとって、家以外の場所で排泄をするということは、少なからず緊張し、勇気のいる行為と思われます。できれば、トイレを、そうした緊張感や恐怖心などが和らぐような場にしたいものです。用を足すという機能をもつだけでなく、子どもが明るく楽しい雰囲気を感じられるような場であることが望ましいのです。

最後に園庭です。子どもが育つ環境として、園庭も大切な場となります。子どもたちのあそぶ姿を見ていると、年長の子どもたちと年少の子どもたちとではあそびの質がずいぶん異なることが分かります。年長児は大勢の仲間といっしょに、鬼ごっこや陣取り、サッカー、リレーあそびなど、ちからいっぱい走り回ってあそびこもうとします。こうしたあそびを、思う存分楽しませてやりたいともちろん思っています。

しかし、入園当初の年少児がその庭に出てあそぶとなると話は変わってきます。年長の子どもたちが思い切り走ったり、ボールを蹴ったりしている庭は、年少児にとっては危険な所となります。空間の広さと人数のバランスにもよりますが、大丈夫だろうか、危なくないだろうかと、神経を尖らせてあそびの場を見守らなければならないとしたら、知らず知らずのうちに子どもたちのあそびに制限をかけてしまうことにもなってしまいます。

もし、このような状況になるのであれば、園舎を中心として庭をいくつか配置し、年少児専用の庭を設けるという考えも生まれてきます。こうすれば、多人数が同一の場所で生活する弊害もクリアされ、少人数で生活する場が保障されることにもなります。そして何より、子どもたちが「その庭に行ったら、こんなあそびがしたくなる」というような設定も可能になってきます。子どもたちがちからをつけていったとき、自らのあそびの目的にあわせてどの庭に出るかを選択するようになること、そしてどの庭にもすぐに出ていけるという空間が大切だと考えています。

あそびの場面だけでなく、子どもが自然とともに生活するという面からも園庭を考えてみましょう。

園庭にたくさんの木々が植えられていると、新緑や落ち葉など、子どもたちが五感を通して季節を感じ取ることができます。もちろん、木々から感じ取ることだけでなく、日向・日陰、明るい・暗い、暑い・寒いなどといったことや、雨の音・風の音なども、子どもたちの感覚を育てていくには必要なことです。子どもの普段の生活のなかにこうした自然からの刺激があり、自然と触れあえるということが、園庭という場に望まれることではないでしょうか。

1　回廊デッキで

回廊デッキは、一四ページの図のようになっており、直角に折れ曲がっている所が多く先が見えず、一区間、一区間が一つの空間を形成しています。

子どもたちは、この空間が大好きです。三つの回廊デッキが合わさる「隅っこ」は、広いスペースとなるのでコマ回しに使われたりするほか、年中の保育室前にある広めのデッキは、ブロック積み木を使ったあそびや、シートを広げての「ピクニック」によく使われています。

回廊デッキの「隅っこ」は、かつて町のなかの子どものあそび場だった「路地裏」と似たところがあります。そこは、道の行き止まりの奥まった所にありました。当時の子どもたちは、「床《とこ》」を持ち出してベーゴマをしたり、その路地裏に通じる抜け道を使って「追いかけっこ」をしたりしてあそんでいました。

各保育室はすべてこの回廊デッキに面しており、広い間口の引き戸で区切られていますが、引き戸を全部開けてしまうと、保育室は回廊デッキと一体化され、あそび場を広げることができます。このメリットは大きく、たとえば「お店」を開きたければ台を用意し、その上に「商品」を並べればできあがりです。そのお店の評判は、少し離れた年少さんの部屋まで回廊デッキ経由ですぐに伝わります。

回廊デッキは、前述したように情報伝達の経路でもあるのです。

ひみつのスポット

「おとこどうしの、
ひみつだよ」
「ひみつね」
「うん、うん」
「それで　それで……」（年長）

つづけー！

「みんなつづけー！
うんとこ、どっこい、
どっこいしょ」（年長）

クリスマスプレゼント配達中

「りんりんりんりん」

「メリークリスマス」

トナカイとサンタに変身して、折り紙でつくったプレゼントを配っています。

途中でダンボールでつくったソリが壊れ、何度も何度も修理です。（年中）

おさんぽ

「おさんぽに、いこう」

「なにかいいもの、ないかな」

カメさんとトラさんが、これから回廊デッキめぐりにお出掛け。（年中）

店先で

年長の子どもたちが、折り紙でつくった手裏剣を並べてお店屋さんの準備をしていると、「なにやってるの？」、「おかね（あんず子ども銀行のお金）いりますか」とどこからともなく、年少や年中のお客さんがやって来ました。

「しゅりけんやさんだよ」、「もうすぐ　かいてん、するからね」、「おかねは、いります」と年長。

その後、お店は大繁盛し、年長は「はい、どれにしますか」、「おかね、ください」、「ここにならんでね」と大忙し。まもなく売り切れて、口々に忙しかったと言いながら、「あしたもまた、やろうね」ということになりました。（年長、年少）

2 プライベートデッキで

年少組の各保育室には、回廊デッキとは別に保育室専用のデッキがあります。どれも「ひよこの庭」に面していて、そのうち二室は直接園庭に出ることができます。ほかの三室も、回廊デッキを経由して、専用の出入り口からすぐに園庭に出られるつくりになっています。

回廊デッキは、誰もがどこでも自由に使え、また通路でもあるので、年少組の子どもたちにとっては落ち着いてあそびこめないという面もあります。そこで、年少組の子どもたちがデッキであそべるように専用のプライベートデッキを設けました。このデッキの使い方や遊具については、それぞれの保育者が工夫しています。

どのデッキにも、手づくりの絵本ラックが備えられています。子どもたちは、身近な静かな場所でゆっくりと絵本を読むことができます。また、保育室の延長空間としての機能もあるので、室内をいっぱいに使ってあそびが行われている場合は、このプライベートデッキも使われます。

簡単な屋根をつけていますが、室外の開放感があり、風も通ります。隣のクラスのプライベートデッキとの間には低い柵一つしかありませんので、おもしろそうなあそびをしていると柵ごしの交流も生まれます。

ウルトラマンのコースづくり

「なにつくっているの？」

「……」

話し声もなく、ほかの子どもの気配もなく、誰にもじゃまされないこの空間。

今、ウルトラマンのコースをどうつくっていくか、夢中です。（年少）

みんなの泥だんご

一生懸命つくった泥だんごを、プライベートデッキの上がりかまちに並べました。丸いのやらおむすびのようなものやら、いろいろです。

でも思いは、「かたくて、まるくて、ぴかぴかひかるどろだんご」（年少）

バスごっこ

「まもなくしゅっぱつします。しっかりおつかまりください」

「あっ、すみましぇん、ぼくものせて」

バスに乗る子どもは、みんな間にあったようです。

「しゅっぱつ！　ぶおーん、ぶおーん」

「せんせい、いってきます」

「いってらっしゃい」

今日は、安全運転みたいです。ほらね、目的地に着くまでは、みんな自分の時間。（年少）

3 風見鶏の部屋で

この部屋の屋根に、あんず幼稚園のシンボルである風見鶏が付いているのでそう呼ばれています。この部屋は、小学校の教室ほどの広さで、円形に近い12角形をしています。壁面は絵本の書架と保育室にはないような積み木、創作遊具、木製レールと汽車、人形などの遊具が備えられています。回廊デッキに入り口があるので、その続きの部屋というような感覚で入ることができます。朝からいつでも自由にあそぶことができます。

この部屋には庭と同じく専属の保育者が常駐していて、相談や話し相手にもなってくれます。また、毛糸を使った編物やあやとりなどのあそびを教えてくれます。ときには、保育室でもめごとがあって、いづらくなったときなどの居場所ともなっています。

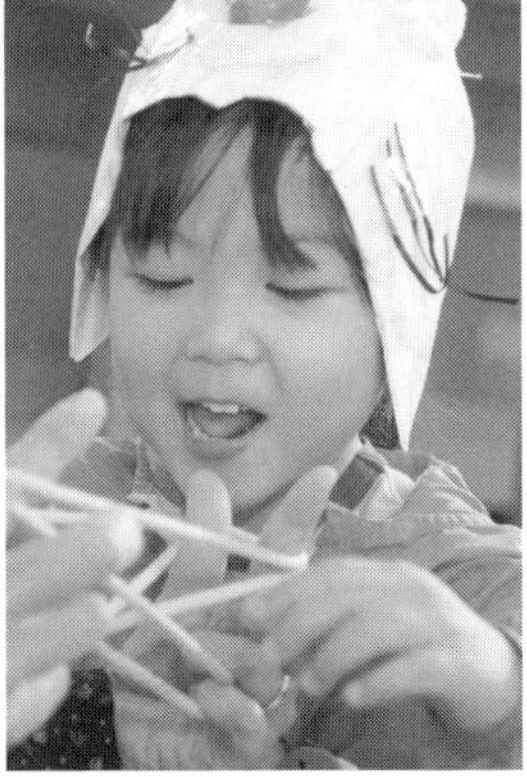

風見鶏の部屋では、異なる年齢の子どもたちがよくあそんでいます。その関係は、偶然の出会いのなかで、自然でとても緩やかなものです。年少の子どもが年長の子どもたちのあそびに入れてもらえることもありますし、あそびを教えてもらっているときもあります。なかには、ここの遊具が気に入っていて、登園するとまずはやって来て、ひとあそびする子どももいます。

天井が高く開放感があり、いつもＢＧＭが流れている落ち着ける空間となっています。

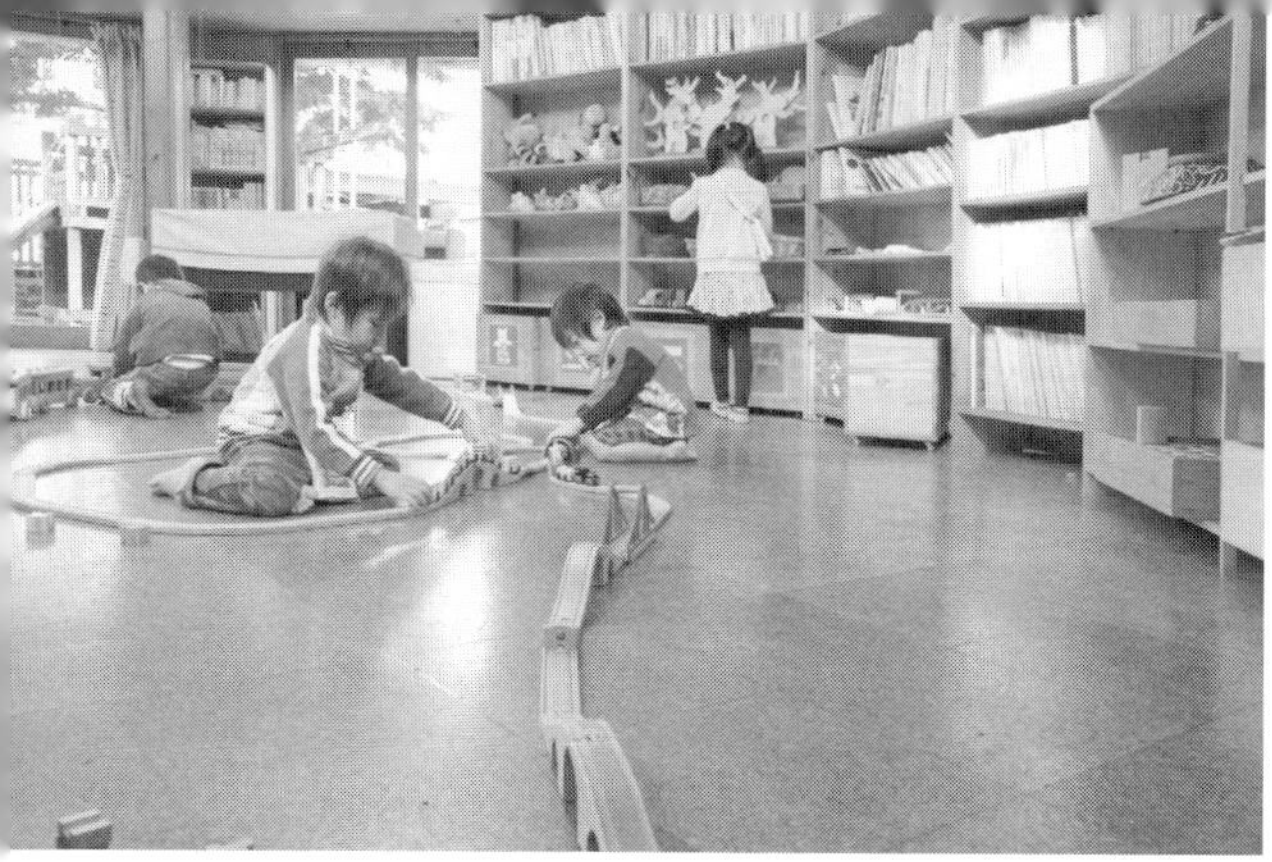

広々とした床で

広くてレールが自由自在に敷けるので、子どもたちは、この部屋が気に入っています。

そして、床暖房のフロアは暖かく、冷えこんだ今朝はいい気持ちです。（年中）

あやとりジャングル

木の枝にいろいろな動物を引っかけてあそぶ遊具にあやとり紐を引っかけてみたらおもしろかったので、次々と引っかけていったらジャングルのようになりました。

子どもは、大人の発想を超える天才です。（年中）

ひきつぎ

卒園が近くなり、風見鶏の部屋の片づけも年長さんから年中さんがひきつぎました。

今日から、年中さんだけでの片づけ。本をそろえるのはなかなか難しそうですが、がんばっている年中さんたち。

（年中）

りりーちゃんといっしょ

「わたし、ねこの　りりーちゃん！　これから、ねこの　しょうがっこうに　いってくるわね」

「いってらっしゃい。きを　つけてね」

「そら　とんで　いってきます！」

「なにそれ～！　おもしろ～い。いいよ、じゃあ、そら　とべちゃう　ねこって　ことね」

（年長）

アンテナ完備

ピピッピピッピピッ、マフラー編みに集中していても、このアンテナであたりの様子が分かります。

ピピッピピッピピッ。

「へやにかえらなきゃー。んー、でもあとちょっとだけやってからにしよう」（年中）

はじまり、はじまり

「今日は紙芝居です。では、はじまり、はじまりー」

バス待ちの時間、年少から年長までが、みんなで過ごす楽しいひとときです。

レストラン

ときには、『レストラン風見鶏』になることもあります。（年少）

4　あそびこめる保育室

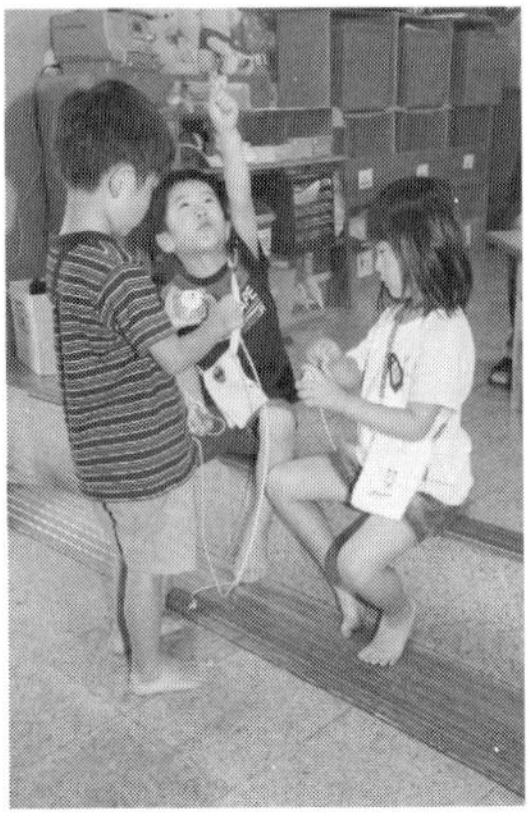

園舎は、長年にわたって子どもたちの保育にあたってきた保育者たちと、建築家のコラボレーションによって誕生しました。保育者は、子どもたちにとってどんな空間が望ましいのかは熟知していますが、建築家は必ずしもそうとはかぎりません。

園舎の設計にあたっては、「子どもは、囲われた所に潜りこんであそぶのが大好きなので、ぜひそうした保育室を」とか、「園庭に対しては開放的な保育室を」という保育者の思いを建築家が図面に落とし、ディスカッションを積み重ねました。このなかから生まれたのが、L字型の保育室や回廊デッキでした。保育室は1ユニットが4メートル×4メートルで、それが4ユニットでできています。縦に3ユニットつなげて、横に1ユニットつなげれば、L字型の保育室になります（一四ページを参照）。

設計上の制限から、すべての保育室がL字型ではありませんが、どの保育室でも子どもがあそびこめるように空間的な工夫がされています。L字型ができないときには、面積約六四平方メートルの長方形にし、保育室から園庭に直接出られるようにしたり、プライベートデッキをつけたりして、住み心地のよさを確保しています。

日々の保育で子どもがあそびこめるかどうか、それはこのような保育室のつくりにも大いに関係しています。

ままごとコーナーで

ここは保育室にある、ままごとコーナーです。

今日はお城に見立てて、おひめさまとなぜかウサギとロバも加わってみんなですすむことになりました。（年長）

おうちかいしゃ

「ねえ、おうちと　かいしゃ、つなげちゃおうよ」

「それって、いいね」

「えーっと、かべは……、ちょうどいいダンボールみつけた」

　ダンボールでつくってある仕切り板をみんなで運んできたら、「おうちかいしゃ」のできあがり。ついでにお気に入りのおもちゃも運んできたら、もっと楽しくなってきました。

（年少）

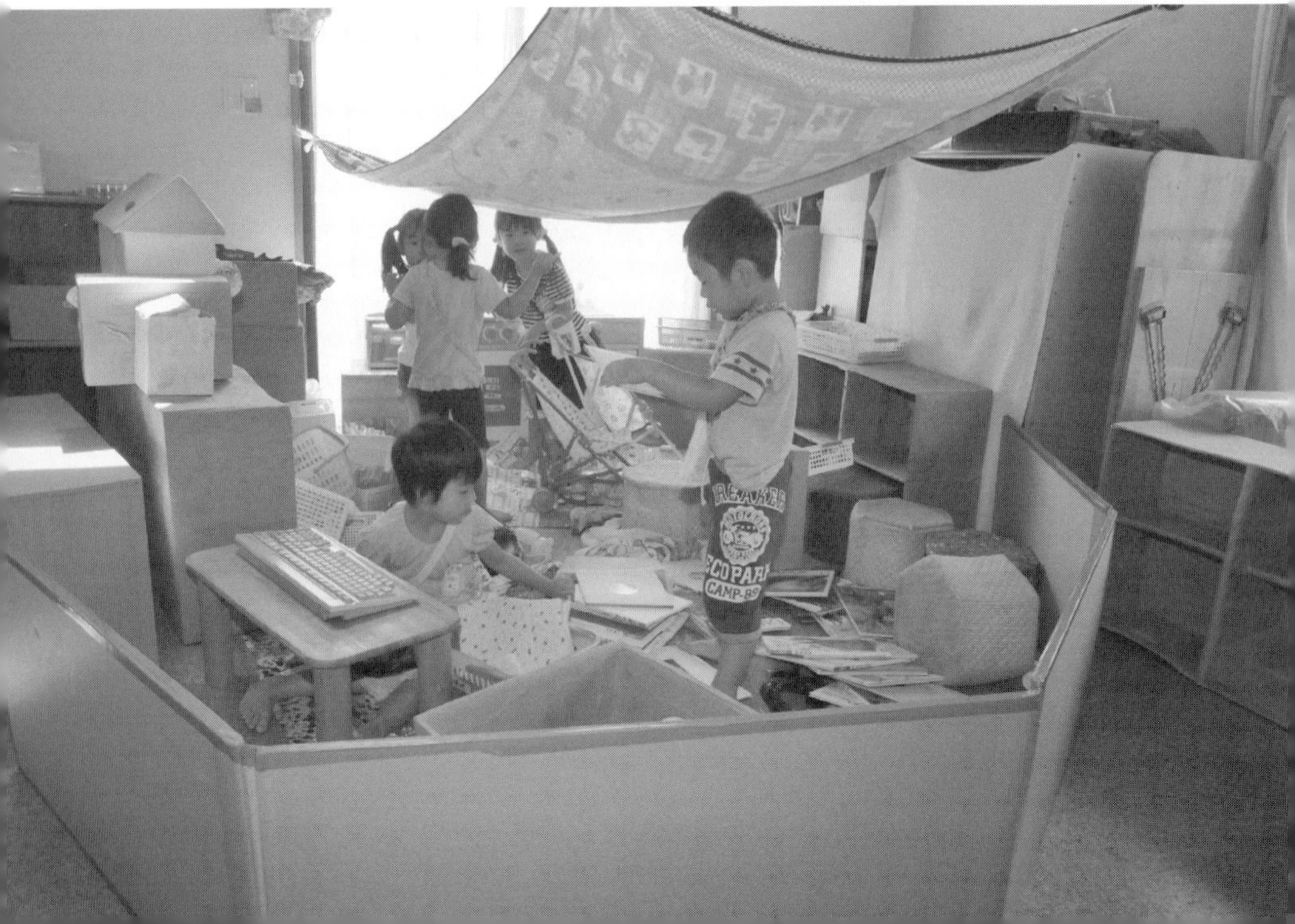

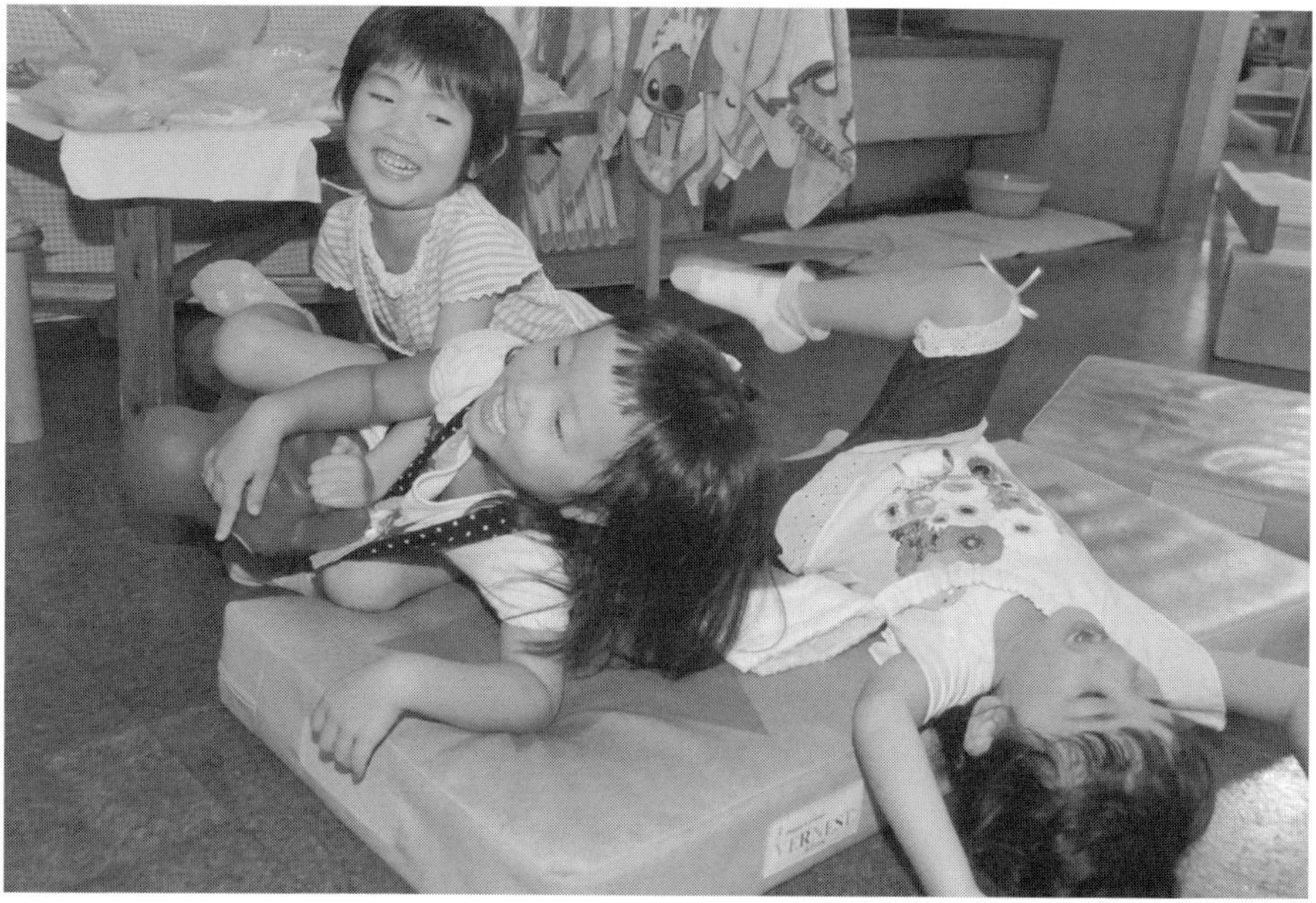

もっとなかよしに

部屋にあるスプリングマットは、身体と身体であそぶ、お気に入りの場所。

なかよしが、もっとなかよしになる、不思議な所。（年中）

5 楽しいトイレ

トイレは、明るく、楽しい場所でなければならないと考えました。なぜなら、毎日最低一回は必ず利用するという大事な場所であるにもかかわらず、一般的には園舎の端のほうにあったり、つくりも日常空間と異質な感じになっていて行きたがらない子どもが多く、おもらしの原因にもなってしまうからです。

そう考えると、トイレの位置をどこにするかは設計上重要なポイントとなりました。ディスカッションの結果、トイレの位置は、日常空間のなかにあり、かつ園の中心部分にあることと、あそび場からできるだけ近い所に配置することにしました。

トイレは、園舎内に四か所あります。そのなかでも、二つの回廊デッキをつなぐ所に位置するトイレは、園舎の中心部分にあり、トイレのなかを廊下が通っています。ですから、トイレという特別な場所という感じではなく、生活空間に溶けこんでいるという感じがします。ほかのどのトイレも、回廊デッキに接続しているのです。あそんでいても、すぐに最寄りのトイレに駆け込むことができるようになっています。

トイレのなかに水槽があって、金魚が泳いでいたり、壁面にビー玉が埋めこんであるので、トイレが楽しい場所になっています。

金魚が泳ぐトイレ

思わずあそびたくなるような開放的な空間です。

「あれっ、なかなか戻ってこないなあ」とのぞきに行くと、金魚の水槽の前で「むこうに、なにかみえるの」とじっと見ている子どもがいたり、「タンクのうえのあんぱんまんが、うんちがでるようにおうえんしてくれたの」と話す子どもがいます。

「かみがなくなり、こまっていたら、おにいさんがとってくれたの」と言う声、ピンチを救ってくれたのは、通りがかりのおにいさんでした。

6 五か所の園庭で

園庭は五か所にあります（一四ページ参照）。それらは、「ひよこの庭」、「もみじの庭」（中心にモミジの大木がある）、「電車の庭」（地下鉄丸ノ内線を走っていた電車が鎮座している）、「ほしの庭」（キンモクセイの垣根があり、散った花が星のように見える）と「いちょうの庭」（中庭で、真ん中にイチョウの木がある一〇平方メートルほどの小さな庭）の五つの庭です。

子どもたちはどの庭でもあそぶことができますが、主に年少は「ひよこの庭」で、年中は「もみじの庭」で、年長は主に「電車の庭」であそんでいることが多いようです。それらの三つの庭には、各庭の担当の保育者が常駐しています。ですから、庭に一人であそびに行っても安心というわけです。

保育者も心配せずに庭に出せます。担当の保育者は庭でのあそびに目配りをしていて、安全に配慮したり、ときにはいっしょにあそんだりしています。また、埃《ほこり》が立つ日には水をまいたりして環境を整えています。もし、ケガをしたときには、すぐに簡単な手当もします。

「ほしの庭」は年少から年長までが利用していて、もっぱらかけっこをしたり、ボールあそびをするときに使われています。担当の保育者はいませんので、担任の保育者がつれていきます。そして、「いちょうの庭」は、回廊デッキの延長のようにして使われています。

ひよこの庭

　ここは、柿、サクランボなどの果樹が夏には木陰をつくり、冬には日だまりをつくる落葉樹が植えられています。

　主に、年少組があそぶ庭です。子どもたちは、四季の陽の光を感じながら安心してあそぶことができます。（年少）

もみじの庭

お父さんたちが造ってくれた櫓《やぐら》があり、その真ん中に大きなモミジがあるから「もみじの庭」と呼ばれています。主に、年中の子どもたちがあそぶので、二学期にもなると、クラスが違っても「いーれーて！」と言えばいっしょにあそぶことができます。縁側から続いている砂場もあります。（年中）

いちょうの庭

回廊デッキのなかにあるイチョウの周りに造られた小さな庭です。

子どもたちは、ここでひと休みしたり、お弁当を食べたり、基地を造ったりしています。

回廊デッキに変化をもたらす、アクセントのような働きもしています。（年長）

ほしの庭

キンモクセイで囲まれているこの庭は、平らで何もありません。

かけっこをしたり、凧を揚げたり、サッカーをしたりすることができます。

散ったキンモクセイを小さな星に見立てて、「ほしの庭」と呼んでいます。（年長）

電車の庭

本物の地下鉄の車両が置いてあるので、「電車の庭」と呼ばれているここは、園内で一番広い庭です。

ここは、運動会や「制作展まち」の会場にもなります（一九二ページ参照）。

二輪車などの遊具、子どもたちが造った小屋、お父さんたちが造った櫓《やぐら》、小山などがあり、いろいろなあそびができる庭です。

ダム建設中

「ありがとう」
「じゃあ、みずいくよ」
「こっち、もっとほりまーす」
「もっとおおきく　しよっと」
「こっち、つなげよっかな」
「うん、いいよ」
「みず、またもってきて」
「おっけー」

いろんな夢中が詰まっています。めざすは一つ、大きなダムにすること！

（年中）

温泉掘り

「おんせん、でるかな」
「でるよ、いっぱいほれば」

温泉を掘っていることが広まり、仲間が増えました。三日続きの温泉掘りです。

大きな穴が開き、水を入れたらお風呂屋さんになりました。

近くであそんでいた女の子から菜の花でつくったケーキの差し入れもあり、お風呂に入って見上げてみると、掘りだした砂の山が富士山のように見えました。

（年長）

エピソード みんなを見守る回廊デッキ（年中）

「せんせーい、みて、みて‼」

僕は、ブロックを銃に組み立てて見せに行ったんだ。でもね、先生は「ちょっと、待っててね」と言って、クラスのみんなとダンボールで基地を造ってあそんでいたんだ。僕は、せっかくかっこいい銃ができたのに、見てもらえなかった。

先生はみんなと楽しそうにあそんでいたから、僕は待っていた。グルグル迷路のような回廊デッキを一人で回りながら……。

僕は、こんな気持ちだったんだ。先生に、「よくできた！」と、つくった銃を誉めてほしかったんだ。でも、みんなと楽しそうにあそんでいるから、素直に言えなかった。だから、回廊デッキを回りながら、いろいろなクラスのあそんでいるところを見て、先生がみんなとあそび終わるのを待っていたんだ。

一学期のときは、周りの友達を押しのけて、先生に聞いてほしいことを僕は伝えていたよね。でも先生は、「この子の番が終わってからね」と、何度も何度も教えてくれたね。その言葉を何回も聞くうちに、僕は周りの友達も、自分と同じように先生に気持ちを聞いてもらいたいんだということを知ったんだ。そしてね、僕が待っていたとき、先生はいつも話を聞いてくれたね。だから、先生と仲良くなっていったんだ。今日は、グルグル回ってきたあとに聞いてくれたね。うれしかったよ。

彼の一学期からの成長を感じた一瞬でした。そして、グルグル回れるこの回廊デッキは、おもしろいだけでなく、歩くことでほかの子どもたちがあそんでいる様子が目に入ってきて、高ぶった気持ちを落ち着かせる役目ももっているのでしょう。保育者も含めて、みんなを育ててくれている大事な回廊デッキと建物です。

エピソード　ぼくが代わりに（年中）

どしたんだろ？　ゆうきくん、困ってる感じだなぁ。あっ、分かったぞ。また、まさしくんに「あそぼっ」って言われたんだ。まさしくんって、ゆうきくんのことを好きだから、いっしょにあそびたがるんだよねー。でも、まさしくんてさ、ゆうきくんが「もう、やめたいな」と思ってもなかなかやめさせてくれないんだよね。それでもやめようとすると、まさしくんは怒るしね。それにゆうきくん、今僕たちとあそんでて、まだあそんでいたいようだし。だから、ゆうきくん、どうしよーか悩んでるんだな、きっと。

こういうのって、よくあるんだよねー。で、まさしくん、今までもいっぱいゆうきくんに断られてるんだよね。まさしくんがゆうきくんの言っていることを、もっと聞いてあげればいいんだよなー。そしたらさ、ゆうきくんも自分の気持ちも聞いてもらえるから、まさしくんといっしょにあそぶのも楽しいなってなると思うんだよ。でも、うまくいかないんだよねーこれが。

なんか、まさしくんもかわいそうだよなー。だって、好きな子に何回も「あそべない」って言われちゃうんだよ。今日は、さっき先生も来て話してくれたから、ぼくたちのあそびにまさしくんも入っていっしょにあそべたけどね。まさしくん、そうなるまでの間、ずっと「なんであそんでくれないのかな」って感じで、悲しそうな顔してたな。

あ、まさしくん、今度はゆうたくんの片づけを手伝ってあげようと思ったのに、また断られてる。あーあ、これじゃまさしくん、さっきから断られてばっかでかわいそう。よーし、ぼくが代わって言うしかないか……。

「まさしくんのことも、ちょっとは考えてあげなよ～！」

まさしくん、これで少しは大丈夫になったかな??

第5章

「時間」とのかかわり

幼稚園に入園したばかりのころの子どもたちは、家庭生活との変化に戸惑う姿も多く見られます。しかし、朝、登園してから支度をし、自分の好きなあそびを楽しみ、その後クラスのみんなで集まると先生が楽しいことをして和ませてくれます。そして、帰り支度をするというような日々を体験していくことで、次第に一日の見通しをもつことができるようになっていきます。

やがて、「今日は幼稚園で〇〇しよう」、「明日、続きをしよう」などと、目標と期待をもって生活するようになります。年長組ともなると、数週間かけてつくりあげていくようなダイナミックな活動も求めるようになります。

年長である活動に取り組んでいるときのことです。朝、「子どもが熱を出して欠席する」とおかあさんから連絡が入りました。そして、「今日はクラスでお泊り会の相談をすることになっているから、僕はごはん係になりたいと伝えて欲しい」という伝言を、おかあさんに頼んでいたのです。こうした姿から、自分たちの活動を自分たちでつくっていくという主体性と目標をもっていることが読み取れます。つまり、「目標をもつ」ということが、充実した時間を過ごすためには重要なことだということです。

子どもたちの時間は、保育者や大人から決められたスケジュールに従っていくだけでは、充実感のあるものとはなりにくいものです。「決められたスケジュールに従う」ということでも、「絵画活動の次はお弁当の準備をする」という見通しはもてるかもしれません。しかし、「自分たちは電車ごっこがしたい。そのためには、まずダンボールを集めることが必要だ」というような、内からの必要感に基づいた見通しをもつこととは、質的に違ったものになります。

また逆に、「好きなことをしていいんだよ」という時間だけ与えたからといって、充実した時間を過ごせるかどうかは分かりません。「こんなことをしようよ」という目的を仲間と共有して、そこに向かって進んでいく、そのなかで感じるドキドキ感やワクワク感、そうしたことが幼児期には必要なのです。また、楽しい思いや悔しい思いを受け止めてくれる、大人や仲間の存在が重要となります。

子どもたちが充実して過ごすためには、「やってみたい」と思える環境も必要です。ですから、私たち保育者は、その日のスパンやその週や月のスパン、そして一年間のスパンで、目の前にいる子どもたちとどのように生活していくのかと計画を立てています。

しかし、ある活動を予定していても、突発的な出来事が起こる場合もあります。そして、「今は子どもたちにとって、そのことについてじっくり話し合う必要がある」と判断すれば、柔軟にその予定を変更していきます。つまり、「今日はザリガニの絵を描こう」というような活動の予定を立てるだけでなく、その背景に「今、子どもたちに必要なことは何か」、「子どもたちのどんなことを育てたいのか」ということを意識しているのです。

すると、小学校・中学校といった「学校」のように時間で活動を区切るのではなく、子どもたちの様子を見ながら、切り替えるタイミングを計る必要が出てきます。その判断は、個々の保育者に任されています。保育の場では、一人ひとりの子どもが主体であるわけですが、一人ひとりの保育者もまた主体なのです。

主体としての保育者が、自らの判断で活動の切り替えを行っています。それは、主体としての子どもたちの様子を読み取ったうえで行われています。お互いの対話によって、そのタイミングを決めていくのです。

繰り返しになりますが、保育者も主体的であるためには、誰かから「こうしなさい」と言われて保育をするのではなく、「こんな子どもたちに育って欲しい」という自分の内なる願いと、それを共有する保育者集団がその背景になければ成立しないのです。

また、一人ひとりにとって時間の流れ方が違うということも重要な要素となります。活発に鬼ごっこを楽しんでいる子どもたちもいれば、絵本をじっくりと読み込んでいる子どもたちもいます。なかには、ボーッとしているように見える子どももいます。しかし、「何かおもしろそうなことはないか」と探しているのかもしれません。身体は動いていなくても、友達のあそびをじっくりと観察しているのかもしれませんし、楽しかった活動の余韻に浸っているのかもしれません。ひょっとしたら、友達とケンカをしてしまって、途方に暮れているのかもしれません。

そう考えていくと、保育者が一人ひとりの子どもの時間を大切にするということは、それぞれの内面を的確に読みとって受け止めることと、それに応じた生活の流れをつくったり、取り組む活動を用意したりすること、と言い換えることができるかもしれません。それは、言葉にすることは簡単なことかもしれませんが、実際に行うことは決して簡単なことではありません。

「Aちゃん、Bちゃんにとっては、このタイミングがよかったかもしれないけど、CちゃんやDちゃんにとっては、どうだったのだろうか？」

そんなことを考えると、反省を迫られることも少なくありません。「時間を巻き戻すことができたなら、もう一度やり直したい」という思いに駆られることもあります。しかし、時間を巻き戻すことはできません。

だからこそ、そこに子どもとの時間を過ごす醍醐味があるのでしょう。

時間というものを、もう一つの視点から考えてみましょう。幼児期には、「過去を振り返る」ということもできるようになり、それが自分の行動を調整したりすることに結びついていきます。

昨日、今日、明日という概念がもてるようになると、「今」は昨日のつづきとしての意味をもってきます。それは「昨日はこうして楽しかったから、またやってみよう」という意欲につながったり、「昨日はこうしたけど、こうやったほうがおもしろそう」という工夫につながったりします。そして、それが「明日はこうしたい」という見通しにつながるのです。

私たちは、子どもたちのこうした主体としての時間感覚が充足できるように考えています。と同時に、たとえば年中の子どもが、年長組のやっていることを見ながら、「今はできないけど、年長になったらあんなことをやってみたい」と思ったり、「おとなになったら、サッカーの選手になりたい」といった未来への希望を抱く感覚を大事にしています。

「今」が過去や未来と結びつくことで、人生がより豊かになっていくのです。

1 あそびはじめる時間はそれぞれ違う

子どもたちは登園すると、すぐにあそびはじめる子どももいますが、しばらく所在なげにあちこちと行ってみたり、椅子にけだるそうに座っていたりする子どももいます。大人もそうですが、それぞれエンジンのかかり方が違うのです。昨日のあそびを今日もやろうと、息せき切ってやって来た子どもは、鞄を置くやいなやあそびはじめますが、そうでない子どもは、ウロウロしたり、座ってあそびをただ見ていたり、何かおもしろいことはないかと探しているのです。

もし、朝から一斉に何かをしようとすれば、こうはいきません。ゆっくりエンジンをかけたい子どもにとっては、強制的にフル回転させられることになります。大人なら仕事上そうせざるを得ないこともありますが、子どもにおける一日の園生活は、内的なモチベーションの高まりを待ってはじめるべきです。だからこそ、このウオーミングアップの時間が欠かせないものとなります。

それに、このような朝の時間の在り方は、保育者にとってもよいものです。個々の子どもたちのその日の様子を知ることができますし、それによって、予定していた活動を変えることもできるからです。そのためにも、朝、時間の流れがゆっくりとしていることが不可欠となります。一日の園生活の計は、「朝のゆったりとした時間にあり」なのです。

さあ、いっしょにあそぼう

同じバスコースの二人。支度が終わり、帽子を被って「もみじの庭」へ。

「さとるくん、すなばであそぼう」

「うん！」

「さとるくん、ふらいぱんもってきて」

「いいともー！」

ぽかぽか暖かい朝のひとときです。（年中）

あそびのはじまり

「どれをつかおうかな……」

材料を手にした瞬間から、あそびのはじまりです。（年中）

2 子どもの活動から時間をまかなう

日々の保育は、まさに生き物です。あそびを基底とする保育では、子どもたちの活動の様子を見ながら時間の配分を決めていきます。もし、保育者が目の前で展開している活動が子どもの発達にとってよいものだと思えば、前述したようにあらかじめ決めていた活動を変更することもあります。

また、あそびには起承転結があって、とくに「結」がどのようなものかが大切です。「はい、時間ですからあそびをやめて」となりがちなところですが、それを繰り返していたのでは、子どもからあそびの楽しさを奪いつづけることになります。

子どものあそびには、節目というものがあります。それは、満足感でもあります。「ああ、楽しかった」と思えたり、「ここで一区切り、また明日やろう」と思えたりする、その時を子どもたちに保障することが必要なのです。

そのための最大の障害が、あらかじめ決めていたその日の保育計画です。子どもたちのあそび（自由活動）に時間をあわせるためには、保育計画を柔軟に設定する必要があります。そうすることによって、子どもといっしょにあそびを楽しむことができるのです。

満腹レストラン

「チャーハンです」

「チョコケーキです」

「アイスです」

「ラーメンです。おかわりありますよ」


次から次へとおいしいお料理が出てきます。

「こんなに食べたら、わたし、太るわ」（年少）

きょうも家族ごっこ

「きょうもあれ、やろうね」

「わたし、ねこになる」

「じゃあ、わたし、おかあさん」

朝から、昨日のつづきの「家族ごっこ」です。（年長）

場所とり完了

回廊デッキにシートを敷いて、まずはひと安心。「子ども」は学校へ、「おかあさん」は買い物へ出掛けます。

時間はたっぷり。（年中）

初めてのお弁当

年少さんの初めてのお弁当の日、年長さんが一対一で用意の仕方を教えてくれます。

それぞれかかる時間は異なりますが、ゆったりとした時間のなかで初めてのお弁当の用意が進みます。

実行あるのみ

自分たちの部屋の脇のいちょうの庭に基地を造ろうと、トンカントンカンがはじまりました。やりたい人が、やりたいときに好きなだけ、そんなのんきな基地造りです。

完成という日があるのかな。（年長）

かめさんの散歩

お弁当のあとのひととき、のんびりかめさんのお散歩です。

「かめって、ゆっくりだけどはやいんだ」（年長）

3 朝から園全体が「自由活動」の時間

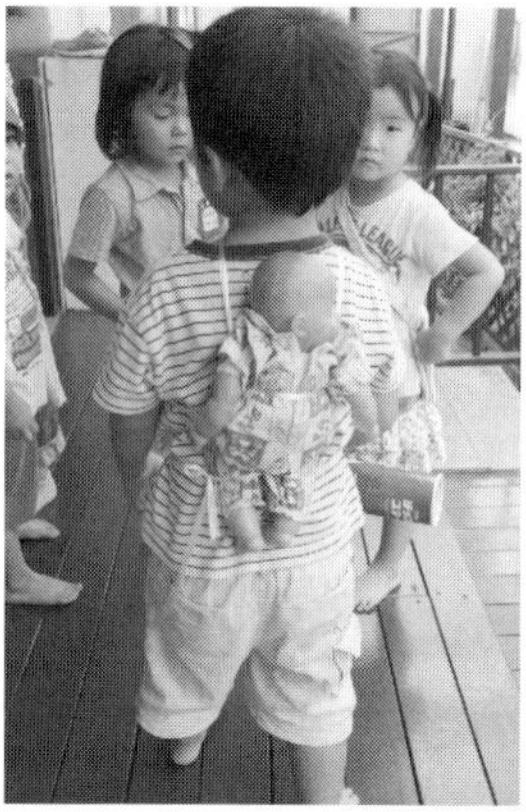

年少から年長まで、毎日、登園してからおよそ一〇時半すぎまでが自由活動の時間です。「自由」ということは、どんなあそびをしても、園内ならどこであそんでも自由ということです。もし、園庭であそびたいと思ったら、各園庭には「庭の先生」（その園庭担当の保育者で、基本的にはいつもその庭にいる）がいますので、一人で行っても安心してあそぶことができます。

人形芝居などの「公演」をするときも、園全体が自由活動の時間ですから観客に不自由することはありません。保育者も担当しているクラスとは関係なく、いろいろなところに行って、子どもたちのあそびの輪に入れてもらいます。コマあそびをしていれば、腕に自信のある保育者が飛び入り参加するといった具合です。

でも、なんと言っても園全体が自由活動の時間であるよさは、このようにごく自然に異年齢の交流ができることです。また、保育者が、ほかのクラスの子どもたちともかかわれるということです。とにかく二四〇人もの子どもたちが「回廊デッキ」を行き来しているのですから、そこには日々いろいろなドラマが生まれます。

おもちゃ屋さん開店

登園してからずっとおもちゃをつくり続けていた年長さん。

いっぱいになったので、おもちゃ屋さんの開店です。

さっそく、年中さんや通りがかった年少さんがお店を発見、急いで部屋に戻って「お金」を持っての買い物です。

回廊デッキ伝いにおもちゃ屋さんのことが知れわたり、お客でいっぱいになって、品物が売り切れて、まもなく閉店となりました。また、明日。（年長）

真似っこ

「おりがみやさんです！」

「いらっしゃいませー」

「おきゃくこないね」

「ひよこさん、よんでこよう」

「このすいか、ください」

「はーい、ありがとうございます」


年長のおもちゃ屋さんを真似てはじめたお店です。（年中）

不運なダンゴムシたち

朝からダンゴムシ捕りに夢中です。

今日は、何匹見つけられるかなあ。

庭にいる小さな虫たちは、子どもたちに指先の加減も教えてくれます。（年少）

お客さんが来てくれた

このところ、ずっと人形劇ごっこを楽しんでいる子どもたち。

昨日、帰るときに、

「あしたも、にんぎょうげき、やろうね」

「うん。おきゃくさんよぼうね」

と、約束していました。

そして、今日も、朝から年少のお客さんを呼んで「人形劇」を公演しました。（年長）

トンボがいた！

回廊デッキに、トンボが迷い込みました。

大さわぎの末に、トンボをつかまえました。

さっそく図鑑を持ち出し、トンボの名前調べです。（年少、年長）

きょうもやるかな

「きょうもやるかな、おもちゃやさん」

「やるかな？」

「ぼく、きのう　かった　ろけっと、また　かうんだ」

「わりばしてっぽう、かいたいな」

「ドーナツ、うってないかな」

「まっていようね。いらしゃいませーっていうの、まってようね」（年少）

4 時間のメリハリと自由活動

活動の主人公が子ども自身ということは、別の言い方をすれば子どもたちが時間の使い方を決めているということです。日々の生活では、一〇時半すぎになるとクラスに集まること、そして一一時半すぎに給食やお弁当になり、一時二〇分ごろに帰りの集まり、となります。

こうした大きな枠組みのなかで暮らしていると、「そろそろ　片づけの　時間だな」というような時間感覚が育ってきます。年長さんが片づけの時間を知らせて回る当番がありますが、どんなにあそびに夢中になっていても、まず忘れることはありません。

主体的に時間の区切りがつけられる結果として、クラスで集まって保育者の話を聞くとき、実によく集中して聞くことができます。これは、園全体の子どもが集まる集会などでも同じです。たとえば、「今は、先生の話を聞くとき」といった、その場でするべきことに主体的にかかわることができるのです。

自由活動の時間は長い子どもで登園から一時間半以上あり、そのなかで子どもたちは、日々あそびきることができます。この「あそびきった」満足感が、時間に対しても、ほかの活動に対しても、主体的にかかわる子どもを生み出していくのです。

「自由活動」と時間のメリハリは、表裏一体をなしたものと言えます。

ていねいにきっちりと

朝からたっぷりあそんだお昼前のひととき、「みんなで集まろう」と保育者が声をかけると、子どもたちは一斉に片づけに入ります。ままごとで使った布は、ていねいにたたみます。

きちんと片づけられて、時間が切り替わります。（年中）

ピンポンパーン

一時一〇分、回廊デッキを巡り、チャイムを鳴らしながら「かたづけの　じかんです」と知らせて回るのは、年長さんのプライドがかかった重要な役割です。（年長）

店じまい

「たのしかったね、ケーキやさん！」

風見鶏の部屋で積み木を使って開いたケーキ屋さんの閉店時間。

バラバラになった積み木を、手分けして手際よく片づけます。（年長）

ちからをあわせて

「みんなゆっくり」、「もっとうしろ」と声を掛けあいながら、「制作展まち」で年中さんがあそぶ場所を設営しています。全体を見わたし、遅れているところを手伝います。（年長）

エピソード　セミもお昼ごはん（年少）

セミの鳴き声が、「ミーン、ミーン」とどこからともなく聞こえてくる七月の朝のことです。朝の支度をしながら、「あっ!!　せんせい、ゆうちゃんの　いえの　ところでも　きこえたよ！」と、目を丸くさせながらゆうちゃんが私のもとに飛んできました。家にいるときに聞こえてきたあの鳴き声が、幼稚園でも同じように聞えたということは、ゆうちゃんにとっては大きな発見だったにちがいありません。

それから数日たったある昼のこと。子どもたちはテーブルを囲み、みんなで給食を食べていました。にぎやかに会話を楽しみながら食べているとき、ふと気が付くと盛んに鳴いていたはずのセミの鳴き声が聞こえません。パタリと音が消えた、その瞬間です。

「あれ？　セミ鳴いてないねぇー……」と言う保育者のつぶやきに、保育室内の音もパタリと消えました。食べる手を止め、耳を澄ませる子どもたち。どれくらい経ったでしょうか。外も保育室もシーンと静まり返ったなか、「ほんとうだぁ……」という表情で顔を見合わせていた子どもたちでしたが、ゆうちゃんがまたポツリとつぶやきました。

「セミさんも　いま、きゅうしょく　たべに　いってるんだよ」

「なるほど……」という空気が流れました。音のない不思議な時間に、きっと子どもたちは、「なぜ？」とそれぞれの思いをめぐらせていたのでしょう。

ゆうちゃんのひとことに、ホッと安心し、また食べはじめた子どもたちでした。

エピソード　笑ってよ、はるちゃん　(年少)

ぼく、はるちゃんに嫌なことしちゃった。庭であそんでいたときだよ。はるちゃんが使っていたロープ、「かして」って言って貸してもらったの。でもぼく、ちょっとしかロープ使ってなかったのに、はるちゃんが取ろうとするんだ。それで、けんかになっちゃった。

ぼく、嫌な気持ちになってね、「はるちゃんなんて、きらい」って言っちゃったの。そしたらはるちゃんも、「しゅんくんなんて、きらい」って言ったの。だからぼく、もっと嫌な気持ちになって、「はるちゃんのふく、かわいくない」って言ったら、はるちゃんも「しゅんくんの　ふくだって、かわいくない」って。ぼくが「かおだって、ほっぺだって　かわいくない」って言ったら、はるちゃんも「しゅんくんも、かおだって　ほっぺだって　かわいくない」って。そしたら、みきくんが来てね、「そんな、いいかた　しないんだよ」ってぼくに言ったんだ。

ぼく、嫌なこと言っちゃったかなって思って、はるちゃんに「じゃあいいよ、はい」ってロープをわたそうとしたの。そしたら、はるちゃん「しゅんくんから　もらいたくない」だって。ぼく、どうしたらいいか分からなくて……。一人であっちの木のほうまで走っていったの。

どうしようかな。はるちゃん、階段の下に隠れちゃったみたい。嫌なことがあるといつもああいう顔になる。やっぱり、ぼくのこと怒っているのかな。ロープ、わたさなかったから？　ぼくが「きらい」とか「かわいくない」って言ったから？　ごめんね、ってしたほうがいいかなあ……。

「よし！」、はるちゃんのところまで行って、階段の間から「ごめんね」って言った。ちょっと恥ずかしかったから、へらへら～の顔で言った。でも、はるちゃん、笑ってくれない。まだあの顔をしてる。あ～あって思って顔を上げたら、ちょっとあっちにいた先生がぼくを見ていた。そしたら先生、指で「オッケー」ってしてくれたんだ。ぼくは、なんだか分からないけど、へらへら～の顔で近くにあった木とか花とか壁とかに「ごめんねー」、「ごめんねー」っていっぱいした。さっき、はるちゃんにしたみたいに。そしてまた、はるちゃんにも「ごめんねー」って。

でもね、はるちゃん笑ってくれないの。どうしようかなーって思って、はるちゃんの隣にあった滑り台であそんだんだ。はるちゃん、見るかなーって思って。あそびたいなって思うかなーって。

でも、だめだった。ぼくどうしよう。そうだ！　小さいフラフープだ。ぼくはフラフープを取ってきて、はるちゃんのいる階段の間から出して、「はるちゃーん、ひっぱってみてー」って言ってみたんだ。そしたらね、はるちゃん、ちょっとしてから立ち上がってフラフープをつかんだんだ。ぼくがひっぱると、はるちゃんがひっぱられて、はるちゃんがひっぱるとぼくがひっぱられる。ひっぱりっこになった。

ぼく、うれししくて「はるちゃん、ごめんね」ってもう一回言った。そしたら、はるちゃん、階段の下から出てきたよ。いつもみたいなニコニコのはるちゃんが。

ぼくは、フラフープを持って平均台にまたがったの。「ブーンブーン、バスでーす」って。そしたら、はるちゃんが椅子を持ってきて、「ここが、うんてんせきね」だって。ぼく、うれしかった。それからぼくたち、いっしょにバスごっこをしてあそんだんだ。

第6章

「ことば」とのかかわり

幼稚園は、子どもが仲間や保育者とかかわりながら生活をする場です。身振りや表情など、いろいろなことを手がかりにして自分の思いを相手に伝えたり、相手の思いを読み取ったりしていきますが、次第にことばが、そんなやり取りの中心的な位置を占めるようになります。

ことばによって相手と交渉したり、仲間とイメージを共有して協力したり、問題が起きたときは話し合って解決したり、おしゃべりを楽しんだりします。もちろん、自分の思いをことばにできないことがまだまだ多いのも事実です。

この幼児期にことばが豊かに育つには、いったい何が大切なのでしょうか。実は、それ以前の時期に、おかあさんなど信頼できる相手との関係を基本にして、相手のことばを聞いて取り入れていくこと、またその相手に聞いて欲しいことがある、伝えたいことがあるということからことばが育っていくと言われています。

幼稚園では、「話し合えばたいした問題でもない、ちょっとしたことなのに、ことばが足りないことからケンカになる」ということも珍しくありません。そんなときは、保育者が話を聞きます。保育者が、思いをうまくことばにできない子どもの気持ちを察し、「○○したかったんでしょ？」、「○○が欲しかったの？」とことばにすることで子どもの思いが受け止められ、子どもは安心感をもって、「だって……」と自分のことばで語りはじめることもあります。

子どもの、ことばにならないもやもやとした気持ちを保育者がことばにすることで、「そう、ボクの気持ちは○○だったんだ」、「ボクは、○○したかったんだ」と、子どもは自分のなかに生じたその「気持ち」に名前をつけていきます。すると、次には「ボクは今、○○な気持ちなんだ」と、自分の内面をうまくつかまえることができるようになるのです。

また、子どもがうまくことばの整理ができず、「それで……」、「え～っと……」と考えながら伝えようとしているときも、保育者がじっくり受け止めようとする姿勢で聞くことによって、子どもは自分の思いを語る楽しさ、聞いてもらえる心地よさを感じるようになり、豊かなことばを身につけていくことがあります。

つまり、ことばはそれだけで育つのではなく、「信頼できる相手とのかかわり」のなかでこそ育つのです。もちろん、言葉を発する時期や語彙《ごい》が増えていく時期などには個人差があるでしょうが、その「信頼できる相手とのかかわり」が豊かであればあるほどことばも豊かに育っていくということを、しっかりととらえておきたいと思います。

ことばを「話す」と「聞く」という二つの側面に分けたとき、保育者は保育を進めるために「話す」ことが重要となります。しかし、「話す」ことに一生懸命になるあまり、ときとしてそれが過剰になり、大きな声を出して、喉をからしてつい指示的なことばを浴びせかけるという保育光景も見られます。すると、子どもが受身になったり、子どもが話すことが少なくなったり、という情景が現れることになります。

保育を進めようとするとき、本来はまず子どもを受け入れ、受け止めることからはじまるはずです。つまり、話すことも大事ですが、聞くことの重要性を考える必要があるということです。当たり前のことかもしれませんが、保育者は、幼稚園という集団で生活する場において、クラス担任として多くの子どもたちに対して責任をもつだけでなく、その一人ひとりの子どもと、お互いの思いを伝えあうコミュニケーションを大切にしなければなりません。

子どもたちがケンカをして、お互いにどうしたらいいのかと困っている場面があります。そんなとき、保育者が「ゴメンネしたら？」、「仲直りしなさい」などと自分の意見を言うより前に、子どもに対して「あなたはどう思うの？」、「どうしたいの？」と、その気持ちやことばを引き出そうと努力し、それを受け止めようとする姿勢でいるとき、子どもは「受け入れられている」という実感を抱くことでしょう。それが、豊かなことばの表現を身につけていくということにつながるのではないかと思われます。

もちろん、日々子どもと接する保育者（大人）のことばが豊かで、相手に伝わりやすい表現の仕方をしているということも大きくかかわってくるでしょう。「このことばで伝わったかな？」、「うまく伝わらなかったみたいだから、別のことばで言い換えてみよう」と、より良い対話を常に心がけて、コミュニケーションを楽しんでいきたいものです。

また、ことばは認識とも深く結びついています。「昨日」、「明日」ということばを覚えたとき、それは単に語彙が増えたというだけでなく、時間的な概念のなかで自分をとらえられるようになったということを意味します。すると、「Aちゃんの隣に座りたいけど、座れない」という場面でも、「じゃあ、帰りにいっしょに座ろう」という期待がもてるようになり、相手と交渉することを覚えたり、自らをコントロールできるようになっていくのです。

年少では、子どもたちはいろいろなモノやコトをことばでとらえ、自分なりに「こういうことか？」と考えている姿がたくさん見かけられます。蒸し暑い日が続いた七月ごろ、「むしあついひは、ながそでがいいんだよね」とつぶやいている子どもがいました。おかあさんから「虫（蚊）に刺されるから、長袖にしなさい」と言われた「虫」と、別な場面で聞いた「蒸し熱い」を結びつけて、自分なりに解釈していたようです。

年中では、仲間とのかかわりが深まってきて、日々見られるごっこあそびのなかでさかんに、「ここ、がっこうってことね?」とか「わたし、いま、しゅくだしているってことね?」など、「〜ってことね」ということばが聞かれます。あそびの世界のイメージを自分たちで共有していくためのことばです。そんな「設定」のために、やり取りが続いてなかなかあそびが本格化していかないこともありますが、こうしたやり取りが「自分たち」という仲間意識につながり、とてもうれしそうです。

そして、年長では、ことばが多少文法的にまちがっていたり、ことば足らずの表現であっても、その子どもの言いたいことを察して、「あぁ、あのことね」と理解する関係性が育ってきます。ときどき勘違いもありますが、こうしたやり取りからことばが育っていくのだろうと思います。

園の生活のなかでは、子どもたちのつぶやきから、子どもの思いや認識が読みとれるといった楽しいエピソードがたくさんあります。保育者たちが、そんな子どもたちのエピソードをたくさん語れるとしたら、子どもたちを受け止め、子どものことばをよく聞いているから、と考えられるのではないでしょうか。

1 楽しさを共有することから育つことば

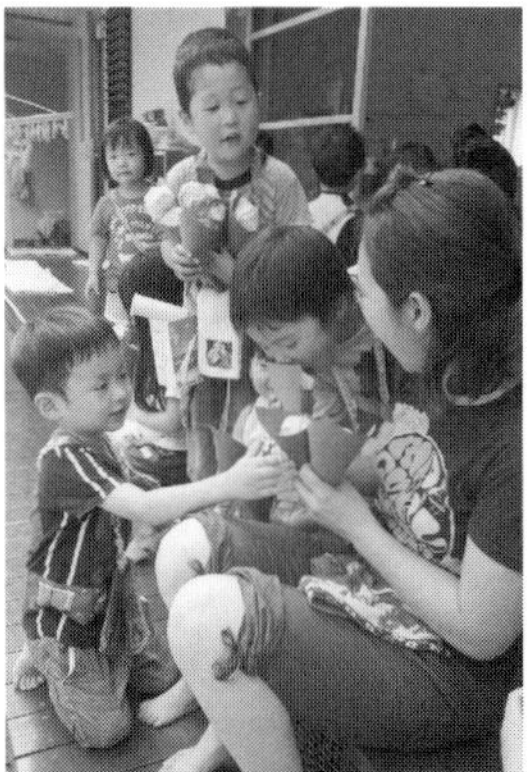

集団的なあそびのなかで身体が育つように、ことばも育ちます。そこでは、あそびの楽しさを共有するために、ことばが生き生きと交わされています。そのなかでも「ごっこあそび」では、あそびを進行させていくものは、まさにことばだと言っても過言ではないでしょう。まず、誰が何の役をするのかといった相談からはじまり、その場その場でさまざまな会話が行われてあそびが続いていきます。ここでは、ことばがとても重要な役割を担っていて、交わされることによってあそびの楽しさが共有されています。

ことばは、言うまでもなくコミュニケーションのツールですから、相手に何かを伝えたいというモチベーションが基点となってきます。砂場であそんでいる子どもたちは、初めは「やまをつくろう」といった、ごく大まかなことからあそびはじめます。やがて川ができ、池ができ、トンネルがつくられていきますが、ここでもことばによってイメージが共有されています。もし、無言でいたら、仲間であそぶ楽しさは感じられないでしょう。

これらのことからも、ことばを交わしながらあそぶ楽しさこそが、あそびの要でもあることが分かります。そして、この楽しさの輪のなかに保育者が入ることによって、新たなことばを子どもたちに伝えていくこともできるのです。

おれっち一番

「わーっ、まけそう、がんばれ、がんばれ」

台を少し傾けたら、コマが一列に並びました。

コマあそびの楽しさは、交わすことばがそれを支えます。（年中）

ななろくきゅうはち

病院ごっこがはじまりました。

「あかちゃんのおなかが、いたいんです」

「はいはい、わかりました」

「ぴぴぴ、さんじゅうにどななろくきゅうはち！　ねつがありますね」

「ちくっ、はい、おつぎのかたあ」（年少）

交渉中

こんな場面では、ことばが飛び交います。ときには、こんなやり取りも。


「いれてって、いうんだよ。いってよ」

「……い　れ　て……」

「いいよー!」(年少)

カレー屋さん

「いらっしゃいませ」

「メニュー、ください」

「あ! ありました。これです」

(コックさんは、カレーの空き箱をメニューに見立てました)

「えーっと、からいカレー、ありますか」

「あのー、ドライブスルーで、おもちかえりできますか」

「あっ、できますよ」

(年少)

がらくた獅子舞い

がらくたでつくった獅子舞いです。お客さんに向け、「おししにかまれたいひと、どうぞー」

「ぼくのおししにかまれると、しあわせになりますよ」

なかなか達者なものです。保育者も顔負けの獅子舞いです。（年少）

届け先はどこ？

もうすぐクリスマス会です。「サンタごっこ」の季節になりました。

トナカイ役、サンタ役と話し合ううちに、「サンタごっこ」のイメージが共有されていきます。

ここでも、ことばが大切な役割を果たしています。（年中）

2 子どもの思いを聞くことから紡ぎだされることば

子どもにとって、自分の思いを相手に伝えることはなかなか難しいものです。ましてや、子ども対子どもではなおさらです。一人の子どもが相手にどんな思いを伝えたいのか、それを子どもに寄り添いながらことばとして紡ぎだしていくことが保育者の役割とも言えます。また、それは、一人ひとりの子どもたちが、日々どんな思いをもって暮らしているのかを知ることにもなります。

大ゲンカのあとなどは、保育者が裁判官になるのではなく、子どもに寄り添い、双方の子どもからことばを紡ぎだしてやることによって、自ずとケンカの原因が明らかになり、仲直りができます。また、そうすることによってこそ子どもの気持ちは安定し、また前へ進むことができるようになります。そうして紡ぎだされたことばが周りの子どもたちとも共有されれば、一人の子どもとクラス全体との関係を変えていくちからにもなっていきます。

自由活動の時間に、「風見鶏の部屋」（一四ページ参照）にふっとやって来る子どもがときどきいます。「風見鶏の部屋」に行けば、自分の思いを聞いてくれる保育者がいると思って来るのです。こんなときには、部屋担当の保育者の出番です。ゆっくりと、ていねいに、子どもの思いを聞きます。それだけで、多くの子どもが元気を取り戻すのです。

やっと出たひとこと

　ほかの子どもが自由画帳に絵を描いているのを見て、「りょうくんも、かきたい」って言って好きな絵を描いていたのに、突然泣きだしてしまいました。

「どうしたの？　何か困ったことあるの？　どこか痛いの？」

　と、いろいろと聞いてみますが、さっきより大きな声で泣きながら、一つずつ首を横に振っています。

　しばらくすると、堰を切ったように「おかあーさん」。

　やっと出たそのひとこと。

「そっか、おかあさんに会いたかったんだね。大丈夫、たくさん泣いていいからね」（年少）

おませなひとこと

「せんせい、あのさぁ、おれ、きのう……」と、何気ない会話。

　お互いの距離が近いほど、ちょっとした気持ちもぶつけることができます。

　本人は真剣なのですが、ことばの表現のおもしろさについ笑ってしまうことがあります。

「いつのまに、そんな言い回しを覚えたの？」

3 子どもの世界を広げ、深めていくことば

ことばは、人間にとって物事を認識し、理解し、お互い同士のコミュニケーションを図っていくうえにおいて大きな役割を果たしています。また、想像の世界を楽しむことができるのもことばのおかげです。子どもをさまざまな事物とかかわらせ、五感を通して感じ得たことを保育者が仲立ちをすることによって「ことば化」したり、絵本などのイメージの世界のなかでことばを楽しむこともできます。

何かをみんなでするときには、必ず話し合いをしています。保育者は、まったく見当違いの意見であっても、最後までていねいに聞きます。発言した子どもにとって、まずは自分の言ったことが受け止められたのかどうか、そこが問題なのです。こうした対応は、ことばを聞く耳を育てます。

子どもたちは、絵本を読んでもらうことが大好きです。ことばによって絵本のイメージが無限に広がっていくからでしょう。また、昆虫、動物、植物図鑑などが「風見鶏の部屋」(一四ページ参照)にあり、何か分からないことがあると急いで図鑑を取りに行きます。保育室に持ち帰って、読めない字は保育者に読んでもらって納得しています。

園庭の樹木に、毎年、年長さんが樹木名を調べてプレートを付けて回わっています。身近な木や花、作物の名前を知ることは、自然界への関心や理解を深めることにも役立ちます。

イメージを広げる

「風見鶏の部屋」にはたくさんの絵本があり、子どもたちは自由に見ることができます。

また、各保育室には、担任が選んだ絵本が身近な所に置いてあります。

大好きな絵本が、絵とともにことばの世界へ誘ってくれます。（年中）

冬眠《とうみん》ってどういうこと？

「おちばをいれるんだよね」

「そのしたは、つちじゃないか」

クラスで飼っているカメが動かなくなってきたので、冬眠させるという話が出てきました。

冬眠ってどういうことなのか、そんなことが話題に上がりました。

昼食後、一人の子どもが「カメの本」を見つけ、数人で集まってみています。

絵を見ながら文字を一字一字たどって、冬眠ってどういうことかが分かったようです。

この日は、カメの話題で盛り上がっていました。（年長）

4 集団的な行動や仲間意識を生みだしていくことば

年長の子どもたちが制作展や生活発表会といった行事に取り組む場合、時間をたっぷりとかけてクラスやグループで話し合います。たとえば、制作展では、どんなことをしたいのか、一人ひとりから希望を聞き、それをグループごとにまとめていきます。こうした話し合いは、実際に制作がはじまってからも要所要所で行われます。

ていねいな話し合いが行われることによって、制作のイメージが共有化されていきます。その結果は、実際の作業で一人ひとりの動きに明らかに現れます。保育者が、事細かに指示することなく、子ども自らが積極的に動くことができるようになるのです。

しかし、こうしたことができるようになるためには、年少のころからことばをていねいに扱い、ことあるごとにゆっくりと時間をかけて話し合うことを大切にしなければなりません。人の話を聞くことが難しい年代ですから、話し合うことを少しずつ積み重ねていく忍耐が保育者には求められるのです。そして、ときには子どもの思いをことばとして引きだし、その思いをほかの子どもたちが受け止められるようにするために、保育者がいわば「思いの仲介役」になることも必要なこととなります。

こうした積み重ねによって、集団的な行動や仲間意識が生みだされていきます。

どうでしたか

劇づくりの取り組みのなかで、子どもたちはお互いに劇を見せあって、その場で批評してもらいます。

劇が終わり、舞台に並んで「どうだった？」ということばからはじまる「おきゃくさん」とのやり取りでは素直な感想を言ってくるので、「オオカミが　こわくなかった」とか「なにを　やっているのか、わからなかった」などの感想も聞かれます。このような感想は、その場では大いにがっかりするのですが、クラスで話し合って役立てています。

でも、何と言っても、「とても　おもしろかった」とか「子ヒツジたちが、ほんとうに　こわがっているみたいだった」などの感想が出てくると、子どもたちはうれしくて、劇がいっそう好きになります。そして、次の発表のときには、舞台の上でいっそう張り切ります。（年長）

話し合い

「ねえ、なにがいい？」
「わたしは、おかしやが　いいとおもう」
「えーっ、ぼくは　やおやが　いいんだよね」
「じゃあさあ、どう　する？　いい　かんがえ　あるひと」

何人もの子どもが集まって、一つのことを決めていくことはとても大変なことです。一人ひとりの子どもがそれぞれの思いや考えをもっています。それをことばにして、仲間に伝えたりすることができる子どももいれば、なかなかできない子どももいます。

でも、年長児も一〇月ごろになってくると、仲間に対しての理解が深まってくるようです。それぞれがちからを発揮し、仲間の考えを引き出そうとする子どもも出てきます。

そして、一生懸命に仲間の考えを聞いて、理解し、考えていく、そんなことができるようになってきます。（年長）

エピソード あーちゃんとペンギンの絵 （年中）

遠足で羽村動物園に行ったあと、クラスでも動物ごっこをしてあそびはじめたある日のことです。私は、「絵の具で、自分の好きな動物を研究して描いてみよう」と子どもたちに提案をしました。あゆちゃんは、「あーちゃん、ペンギンかく！」と画用紙の色も自分で選び、本を見ながら描きはじめました。

しばらくして、画用紙を半分に折って、隠すように描いている姿を見て「あれ？」と思ったので、「あゆちゃん、どうしたの？」と耳元で聞くと「まちがえちゃった……」と、うつむき加減で小さな声で言いました。

「描きたいけど、どうやって描くか分からないのかな……？」

「うん。よこむきはむずかしいなー……ちがうのにしようかな」

と、描きたい思いと、思うように描けないという葛藤が頭のなかをめぐっているようです。私は、諦めてほしくないと思い、「そっか！　あゆちゃんはどんなペンギンが描きたい？　これ赤ちゃんかな？」、「あ！　そうだね！」と、本をいっしょにめくってみました。すると、じっくり見ながら、正面を向いている小さな小さなペンギンを描きました。

「可愛いね。赤ちゃんかな？」

「うん！　あかちゃん！」

その横にも中位のペンギンがいます。

「このペンギンは?」

「んー、お兄ちゃん!」

そして、その隣に大きなペンギンを描きました。おかあさんペンギンです。だんだん気持ちが膨らんできたな……と思って、「もう一枚画用紙つなげる?」と聞いてみました。

「うん。したにつなげて!」と言い、氷のなかで泳いでいるお姉ちゃんペンギンも描きました。「今にも動き出しそう! 泳いでいるお姉ちゃんも気持ちよさそう!」と言うと、「うん!」と目があい、うれしそうに笑いました。この日、自分の描いた絵をみんなの前で見せ、お互いに素敵なところや「いいなー」と思ったことを伝えあえる機会をつくりました。

翌日、あゆちゃんが登園するなり私に、「ねね! きょう、あーちゃんがきのうかいたペンギンのえ、みんなにみせたい!」と言ってきました。みんなが集まって、あゆちゃんの番になりました。うしろ向きに隠していた絵を、パッとみんなに見せ、「ペンギンです! これがあかちゃん、おにいちゃん、おかあさん。これはおねえちゃん~……」とつづけていくと、見ている子どもたちから次々と手が挙がり、「くちばしが、すてき」、「あかちゃんがかわいい」、「おなかの、しろいところがやわらかそう」というたくさんのことばをもらって、うれしくて照れ笑いをしていました。自分の描いた絵って素敵だな……と思える瞬間に、キラッと輝いたあゆちゃんでした。

エピソード　まきちゃんの成長（年中）

まき　つぎのかんじゃさんどうぞ。きょうは、どうしましたか？
私　おなかが痛くて、ごはんが食べられないんです。
まき　では、いきをすって、はいてください。

保育者のお腹におもちゃの聴診器をあてて、まきちゃんは本物のお医者さんのようです。

まき　では、くすりをつけます。

そこへ、はじめくんが入り、まきちゃんが使おうとしていた薬を取って保育者につけようとしました。まきちゃんの表情が一変しました。

まき　そのくすり、まきがつかってたの。
はじめ　ぼくがつかうの。
まき　まきだよ。

低いトーンで、嵐の前の静けさのようなやり取りが続きます。はじめくんは、そんなまきちゃんの言葉を無視して、無言で私に薬をつけようとしました。

まき 聞いてるの？
はじめ 聞いてるよ！

二人の間に緊張が走りました。私は、いつ手が出ても止められるように見守っていました。

まき じゃあ、おわったら、かしてね。

え⁉ 私は耳を疑いました。コミュニケーションをとるのが苦手だったまきちゃんが、葛藤しながら折りあいをつけている。成長したんだなーと、思える瞬間でした。はじめくんの返事は、「いいよ」でした。

第 7 章

子どもが育つ 保育の仕組み

1 「行事」と呼ばれる活動に対する保育者のとらえ方

これまでは、あんず幼稚園の日常生活と、それを支える「環境」という視点をベースにして描いてきました。こうした日常生活の積み重ねのなかで、そしてそれを保育者や仲間と共有するなかで子どもたちはさまざまなことを学んだり、身につけたりしていきます。もちろん、自らの心も身体も耕していきます。

ところで、そうして身につけたちからは、その生活のなかで発揮してこそ意味をもつことになります。子どもたちは、今あるちからでもって毎日の生活を積み重ねていきます。しかし、もっているちからは、いつも最大限に発揮されているわけではありません。当たり前のことですが、そのちからを発揮する場面がなければ、表に現れてくることはないのです。

子どもたちが俄然やる気になるような、また意欲が引き出されるような何かがあって、それに向かって進んでいくとき、自らのちからを存分に発揮してしまうということがあります。そうした取り組みのなかでは、普段眠っているようなちからが引き出され、集中して取り組むことで、新たに身につけられていくちからも生まれるのです。

幼稚園の生活のなかには、節目となる、子どもたちをワクワクさせるような活動がたくさんあります。ここでは、そのなかから一般的に取り組まれることの多い、「行事」と言われている活動の「運動会」、「制作展」、「生活発表会」を取り上げて、これらの「活動」（私たちは「中心となる活動」としてとらえています）のもつ意味を考えてみたいと思います。

あんず幼稚園では、子どもたちと対話しながら生活することを大切にしています。つまり、保育者が「教え」、子どもが「学ぶ」というのではなく、ともに生活をすることを大事にしています。それは、「子どもは真っ白な存在で、だから大人がいろいろなことを正しく教え、導く必要がある」という考えではなく、「子どもはどんなに幼くても尊重されるべき人格をもち、自ら育とうとしている存在である」という考えを背景にしているとも言えます。よって、こうした活動においても、子どもと保育者の対話性を基礎にして組み立て、進めていくように心掛けています。一方、日常生活のなかにおいては、子どもたちが意欲をもち、熱中し、チャレンジしていく姿があります。そうした姿を土台にしつつ、子どもたちの意欲がさらに膨らんでいくような活動を考え、これまで実践してきました。

あんず幼稚園の取り組みに特徴があるとしたら、「本当に子どもたちのちからを引き出す活動としての意味をもっているだろうか？」、「この内容で、本当に子どもたちが生き生きとちからを発揮することにつながるだろうか？」と現場の保育者が自問自答し、みんなで議論を繰り返し、つくり出してきたことにあると言えます。

現場の実践者たちが、「そうしたことは自分たちの考えることではない」と思考停止をせずに、「その部分にこそ、現場の自分たちがとことん考え抜く必要がある」という姿勢を貫いてきたことで、今の活動をつくり出してきました。とはいえ、こうした問題意識をもって活動をつくり出していくことは簡単なことではありません。まず、子どもたちの普段の様子をよく見て、「子どもたちが関心をもち、熱中することとはどんなことだろうか？」、「子どもたちが、今、本当に求めていることは何だろうか？」、「何を学びたがっているのだろうか？」といったことから理解していくことが求められます。

「子どもを理解する」とひとことで言っても、ただ目の前にいる子どもたちを見ているだけでは、深いところまで理解することはできません。子どもたちとかかわり、生活するなかで、印象深い出来事を記録する。改めて、そこにどんな意味があったのかを省察する。仲間に問いかけて、いろいろな意見を聞きながら議論する。そうしたことの繰り返しから、徐々に子どもへの理解が深まっていくのです。

また、園のなかの出来事だけでなく、家庭での様子や親子のかかわりなどを知っていくことも子どもへの理解を広げてくれることになります。あるいは、発達論など学問的なことを学ぶことも、独善に陥らないためには必要なこととなります。

一方には、「こんな子どもに育ってほしい」、「子どもとこんな生活をしたい」という保育者の願いもありますが、漠然としたままでは活動に正しく反映されてきません。「自分は、どんな子どもに育ってほしいと思っているのか？」というそれぞれの「子ども像」を出しあいながら、自分たちのめざす「子ども像」を共有する必要もあります。

それは、一般にスローガンとして掲げられている「健康な子ども」、「友達と仲良くする子ども」などの文言を指すものではありません。子ども像は、突き詰めていけば、「自分はどんな自分になりたいのか？」という保育者自身の「なりたい人間像」と重なるものであり、決して切り離して考えられるものではないからです。

そうしたことを考えあっていくということは、先ほどと同様、やはり簡単なことではありません。ぶつかりあうことも避けられません。それでも、子どもたちの姿を語り合い、それを見つめる互いの眼差しについて、「それ、いいね」と共感しあえる喜びは、何とも言えないものがあります。

こうしてつくり出されていく活動に取り組むとき、保育者自身もこの保育者集団のなかのかけがえのない一員であることを実感し、誰かに言われてやるのではなく、自らが決めて行動するということの主体を味わい、役割を担うという責任を感じ、誇りをもって果たすべく努力をします。

こう考えると、改めて私たちがめざしていることと、子どもたちに感じてほしいことは重なっているということを実感します。そして、私たちの園の活動の特徴は、保育者と子どもの関係が、「何でもよく知っている大人が、未熟で理解の足りない子どもに教える」というものでなく、大人も子どもも「一人の主体として、ある集団の一員として安心感をもち、自ら決定し、実行し、貢献し、誇りをもって学びたいと願う存在である」という、対等な存在であるということを出発点にしていること、と言うことができます。

もちろん、こうした活動は、いつまでも同じ形でつづけていくものではないでしょう。時代は変わり、子どもたちも変わるからです。「これでいいんだ」と自問自答をやめたとき、いずれ子どもたちの求めるものとはずれていくことになるでしょう。

では、「運動会」、「制作展」、「生活発表」という三つの活動について、具体的にその取り組み方と考え方について述べていきたいと思います。

2　自分たちの運動会（10月）

幼稚園・保育園において、「運動会」という行事に取り組まれるようになってから半世紀以上が経ちます。その過程で、ある一定のスタイルができあがっているように感じます。それは、親子で参加し、子どもの競技種目や親子で楽しむ種目などがあり、親子でお弁当を食べ、和やかにふれあいを楽しむというものでしょうか。しかし、私たちの園では、保護者の方々には「参観」をお願いしています。「子どもたちがつくる運動会」を見てほしいと願っているからです。

こうした活動の出発点は、子どもの姿をとらえ、理解することである、と先に述べました。この時期、年長の子どもたちは、自分と集団の関係がとらえられるようになってきています。普段の「ごっこあそび」などでも、仲間と役割を分担して取り組むという組織的なあそび方を楽しむようになっているのです。そこから、私たちは、「年長として、『自分たちの運動会』という意識をもって活動してほしい」という願いをもつようになったのです。

次いで、「親も参加するという形では、『自分たちの運動会』としてとらえきれるだろうか？」と、自問自答することになってしまいました。そして、「だったら、子どもたちだけの運動会という形の活動にしてはどうだろうか？」と議論を進めたわけです。その結果、次第に今のような形の活動となっていきました。では、具体的な内容を見ていきましょう。

年少組では、初めての運動会となります。担任の保育者との関係が築かれてきて、仲間を感じながら生活し、「みんな」ということを感じ、これまで以上に楽しくなってきている時期です。子どもたちは、「同じ」ということでより親しさを感じます。ダンスをしたり、かけっこをしたり、「おなじだとたのしいね」、「いっしょだとうれしいね」ということを感じていきます。また、年中児や年長児たちといっしょになってつくり出す「運動会」というムードを、渦中に身を置きながら感じていくのです。

年中組は四つの種目に参加しますが、その一つ一つがバラバラにあるのではなく、「海賊の冒険」という一つのテーマがあって、ストーリーがつながっているのです。そのため、見通しをもちながら、ストーリーが展開していく様子をワクワクしながら取り組んでいきます。子どもたちは、宝をめざして冒険するという海賊のストーリーを共有し、イメージを広げてごっこあそびを楽しんでいるわけです。もちろん、その冒険のなかに、いろいろな身体能力を使って、おもしろさを刺激するような設定がされています。

とはいえ、年中組では、まだ月齢などによる個人差が大きくて反応に幅があります。海賊の世界に魅力を感じてごっこあそびを楽しむ子ども、身体をいっぱい動かして冒険を楽しむ子ども、海賊のストーリーに登場したアイテムに興味をもって、つくることを楽しむ子ども、一人ひとり、その子どもの興味にあわせたきっかけづくりも考えています。一人ひとりが、自分の興味から参加し、身体能力を発揮するおもしろさを感じる一方で、クラスの仲間とストーリーを共有し、みんなで宝をめざし、力をあわせるといったおもしろさを感じていきます。

さて、次は年長組です。大きく三つの取り組みの柱がありますので、少し詳しく見ていきましょう。

①自分たちで種目を決める——クラス対抗の取り組み

自分たちで「どんな種目に取り組むのか？」と相談して、決定することから運動会の取り組みがはじまります。もちろん、これまでの日常生活のなかでの取り組みがそのベースとなります。子どもたちからは、これまでの生活のなかで取り組んできたことをもとにして、リレーや綱引きなどのクラス対抗で行う種目や、跳び箱や鉄棒などの個人で行う種目が「やりたいこと」として出されてきます。クラス対抗の種目は一クラスでは決められませんので、年長の各クラスの代表が集まって意見をまとめ、さらに話し合う必要のあることはクラスに持ち帰って話し合うということを繰り返して決定していきます。

クラス対抗の種目が決まると、それぞれの種目の「優勝カップ」が登場し、カップの争奪戦が日々繰り広げられていくことになります。子どもたちにとっては、「毎日が運動会」となっていくわけです。

九月の二週目のある日、年長組のみんなでクラス対抗の全員リレーをしました。一人が一回ずつ走ることにして、いよいよスタートです。A組のみんなは、とても一生懸命に走っていましたが、結果は四位でした。みんながっかりです。

この日、A組は二六人いましたが、一位だったB組は二一人だったということです。そして、C組とD組はそれぞれ二二人、二五人でした。順位と人数が相関関係にあったわけです。この人数のことが話題になりましたが、いまひとつ結び付かない子どもも多いようでした。そこで、それぞれクラスに戻って話し合うことになりました。クラスに戻ってからもう一度、人数の多い・少ないということと、どちらが早くゴールできるのかということを図などにして説明してあげると、「これじゃ、Aくみはかてるわけがない」と、みんなも気付いたようです。

「まけるとわかっていたら、つまらない」という声が上がりました。次いで、「かつとわかっていても、つまらない」という声があり、それを受けて、「かつか、まけるかわからなくて、ドキドキするのがおもしろい」という声も上がりました。これには、みんなも納得した様子でした。

その後の話し合いで、「どうやったら、四クラスを同じ数にできるだろうか?」と考えていき、ほかのクラスから「人数の少ないクラスが、その人数分二回走るということではどうだろうか?」という意見が出て、それでやっていくことになりました。

しかし、結果は、A組はまたまた四位でした。ガッカリしながら保育室に戻り、話し合いました。「どうしたら勝てるのだろうか?」という話題になると、「いっぱいはしって、はやくはしれるようにしよう」、「しょうぶも、いっぱいすればいい」という結論が出ました。

翌日から、朝の支度を終えると、「リレーにいってきます」とすぐに庭に出て、エンドレスでリレーをする子どもたちの姿がありました。しかし、走ることを苦手としている子どもたちもいます。「てつぼうがやりたいから……」と言って、断っている子どももいました。

その後の勝負でも、四位が続くA組です。そのたびに、「どうしたらいい?」と話し合いをしました。「いっぱいはしるっていってたけど、おんなのこたち、はしっていないじゃん」、「もっと、はしってほしい」と、毎日たくさん走っている子どもたちからの意見が飛び交っていました。

そんなある日、今度は三位という結果が出ました。私は、「やっぱり、てつやくんやまどかちゃんが、いっぱい走ってたからだね。だんだん、走り方もかっこよくなってきたもんね」とコメントしましたが、子どもたちは満足していません。「一位になりたい」ようです。

そして、日を追うごとに、なかなか自分からリレーに取り組もうとしていなかった子どもたちも、一人また一人と、朝から「リレーしてくるね！」と、張り切って出掛けていく姿が見られるようになりました。一人ひとりから、とても意欲が感じられます。仲間とともに、バトンをつなぎながら、何度も何度も走る子どもたちの姿。「一位になる」という結果が得られなくても、この姿が見られることのほうが大切なことと思いながら、私は見つめていました。

でも、「一位になる」という目標をもっているからこそこの姿があるんだよな、と改めて納得した次第です。

②一人ひとり――みんなの挑戦

さて、個人で行う種目は、子どもたちから挙げられたものを整理し、跳び箱・鉄棒・縄跳び・うんてい・棒のぼり、の五種目となりました（当然、その年によって変化します）。運動会では、そのなかから自分が挑戦するものを一つ選んで参加します。もちろん、一人ひとりが、どれを選ぶのかを決定するまでには、目標をもっていろいろなものに取り組んでいく姿があります。

前の週まで、手の皮がむけるほどのめり込んで、繰り返しうんていに挑んでいたりなちゃん。ついに最後までできるようになると、今度は「さかあがりができるようになりたい！」と、鉄棒に挑みはじめました。何度も何度も、繰り返し挑戦しています。もちろん、すぐにはできるようにはなりませんが、晴れやかな表情で、挑戦すること自体が楽しいように感じられます。それから三日ほどして、ついに逆上がりもできるようになり、喜びの瞬間が訪れました。

りなちゃんの周りには、同じように逆上がりに挑戦している子どもたちがいました。するとりなちゃんが近づいていき、「みてて！　ここをこうするの」とお手本を見せています。相手の子どもも、真剣な表情で見つめています。振り返ってみると、りなちゃんにも「こうするんだよ」と教えてくれる子どもがいたのです。

年長のこの時期、「教える—教えられる」という姿がよく見られます。そして、「自分ができるようになった」ということも嬉しいものですが、つきっきりで励ましたり手を貸したりしていた仲間が「できるようになった」ということも同じように嬉しくて、飛び跳ねて喜びあう子どもたちの姿が見られます。「りなちゃん先生」が「教え子」と喜びあえる日が楽しみです。

もちろん、一方では、りなちゃんのようにすぐにできるようにならない子どももいます。すぐるくんはうんていに挑戦していますが、なかなかできるようになりませんでした。そして、運動会も終わってしまいました。しかし、十二月のある日、「やった！　せんせい、さいごまでいけるようになったよ！」という嬉しい報告をしてくれました。運動会のあとも、自分の目標をもちつづけ、四か月にわたった挑戦の結果でした。

③自分たちで運動会を進める

年長組の子どもたちは、種目に参加するだけではなく、それぞれの種目に必要な道具を準備したり、片づけたりということも自分たちで行っていきます。また、年少組や年中組の種目の手伝いもやっています。これらはクラスとして行うものもありますが、「係の仕事」として、一人一係の役割をもって行っています。

みきちゃんとゆうきちゃんとゆうやくんは、年少組の「かけっこの係」です。いよいよ出番という場面で、年長のほかのクラスの子どもたちと合流して準備をはじめました。

年少組の子どもたちが四人ずつ（一クラス二人、二クラス同時に）担任の保育者のもとへ走っていきます。そして、抱っこしてもらってグルグルと回してもらいます。係の子は、そこでペンダントを首にかけてあげて、それから手をつないで座席まで連れていってあげるのです。

年少組の子どもたちも大勢いるので、係の子は座席に送り届けると、また次の子どものために大急ぎで戻ってきます。これを、何度も繰り返すのです。

係ではないほかの子どもたちも、この様子を見守っています。目の前の光景から、「あーっ、これ、ボクもひよこ（年少組）のとき、やまだせんせいにやってもらった！」と、急に自分が年少組だったときのことを思い出し、思わず声を上げている子どももいます。

ゆうやくんの番になり、ペンダントを持って年少さんに近づきました（ゆうやくんは、普段はマイペースで、「自分勝手なことをする、ちょっと困った子」と思われている面がありました）。ゆうやくんは年少さんの首にペンダントをかけてあげると、ニッコリと笑顔を向けて手をつなぎました。座席に向かう足取りは、自分のペースではなく、相手にあわせてゆっくりです。

りえちゃんが、「ゆうやくん、しっかりやっているね」とつぶやきました。ちゃんとやれるかどうか、心配していたようです。ゆうやくんは、相手の子を座席に送り届けると、パッと振り向き、準備する場所に向かって走り出しました。なんだか、とってもかっこよく見えました。

さて、年少組のみんなが走り終わり、係の仕事を終えたみきちゃん、ゆうきちゃん、ゆうやくんが、クラスの仲間のところに帰ってきました。すると、「ごくろうさま！」、「がんばっていたね！」と、りえちゃんたちが声をかけています。「はしってもどるところが、かっこよかったね！」と、言っている子どももいました。

係の三人はみんな笑顔で、達成感もあるのでしょう、とても誇らしげです。そして、係の三人を見守り、その仕事を認め、声をかけているクラスの仲間も、同じようにとても素敵でした。

以上が取り組みの概要ですが、これまで述べてきたように、こうした取り組み方は、その背景にある保育者の子どもへの理解や願いと分かち難く結び付いています。次に、その背景となる考えについても述べていくことにします。

はじめの集まりで年長が開会を宣言する

みんなで「海賊体操」を踊る

年少のかけっこ

ゴールすると先生が抱きあげてグルグル回してくれる

ゴールすると年長が手を引いて席までいっしょに行ってくれる

年中のかけっこ

年中の「宝島の冒険」（サーキット）

年中の「宝島の冒険」（サーキット）

年中の「宝島の冒険」（サーキット）

年長の「みんなの挑戦」

年長の「みんなの挑戦」

年長の「みんなの挑戦」

年長の「みんなの挑戦」

道具の出し入れをする年長

年中の「宝をゲット」（ピストンリレー）

海賊の宝の館に鍵を差し込む
（ピストンリレー）

宝をゲット（ピストンリレー）

年長の全員リレー

年長の全員リレー

年長の綱引き

年長の綱引き

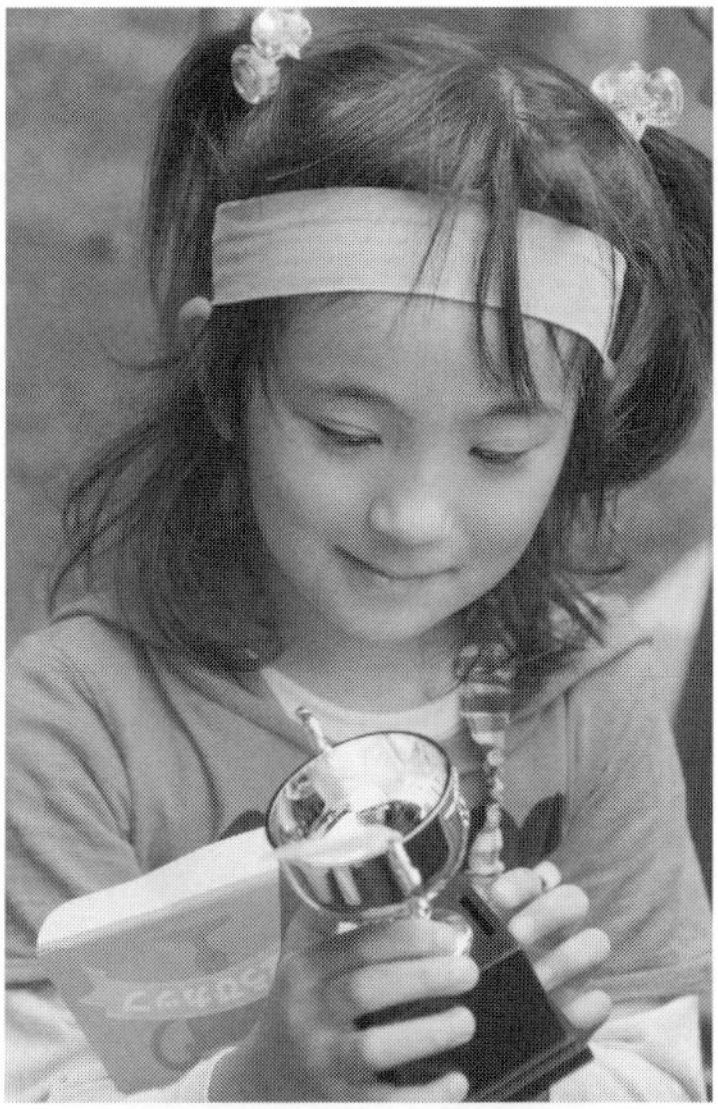

がんばり賞をもらう

④実践のなかで大切にしていきたいこと

年中組のころは、「勝ち・負け」や「できる・できない」ということを突きつけられると、それを受け止めきれない子どもたちもいます。しかし、年長組になると、「三位だった」、「四位だった」という結果を受け止めたうえで、そうした困難に立ち向かって乗り越えることに意欲をもちはじめ、「どうすればいいのか？」と前向きに考えていくことができるようになってきます。「もっと練習すればいいんだ」、「次はこうしてみよう」と考えを出しあい、共有することでそれが自分たちの目標となり、そこに向けて努力や工夫を重ねていき、おもしろさも実感していくのです。

そして、跳び箱・鉄棒・縄跳び・うんてい・棒のぼりなどの個人の取り組みでも、「今、自分ができないこと」を受け止め、「六段を跳べるようになりたい」、「逆上がりができるようになりたい」と一人ひとりが自分の目標をもち、そこに向かって何度も何度も挑戦していく姿が見られます。また、個人の取り組みではありますが、できるようになった子どもが挑戦中の子どもに対して、「みてて、ここをこうするの」と自分が学んだコツを伝えていったりする、教えあう姿もあちこちで見られます。

私たちが育てたいちからは、「六段の跳び箱が跳べる」、「鉄棒で逆上がりができる」といったような、目に見えるものではありません。もちろん、しなやかに動く身体は大切です。そうした身体感覚を発揮するおもしろさも、十分に感じてほしいと思っていますが、それはその子どもがめざすことです。私たちが育てたいちからは、それぞれの子どもが自分の目標をもち、「簡単にできないことだからチャレンジするんだよ」、「それがおもしろいんだよ」と挑んでいくちからなのです。

あんず幼稚園では、種目を決めるために何日もかけて話し合っています。一人ひとりが役割をもち、係の取り組みを行っていくのです。私たちは普段の生活のなかにおいて、「子どもたちが自分で決める、自分たちで決める」、「自分たちのことは自分たちで行う」ということを大切にしています。ですから、子どもたちが「自分たちの運動会」であり、「その種目は自分たちで決める」と考え、取り組んでいってほしいと考えることは自然なことなのです。

「自分たち」という集団の一員としての振る舞い方、つまり、「自分」がどうしたいということだけでなく、仲間がどう考えているのかということをつかんだうえで、「自分たちとして」どうしたらいいだろうかと考え、振る舞うことは、集団的・組織的な活動に取り組むなかで身につけられていきます。言い換えれば、そうした取り組みがなければ、集団の一員としての振る舞い方は身につけることが難しいということです。もちろん、日常の仲間とのあそびのなかでもそうした機会はありますが、一人ひとりの、すべての子どもにそうした機会を保障したいのです。

「集団的な取り組み」とは、保育者の指示のもと、みんなが一律に、ルールからはみ出さないようにまとまって行動するということを指しているわけではありません。つまり、動かせない「集団」というものがあり、そこに一人ひとりの子どもをはめ込んでいくことではないのです。

「集団的な取り組み」は、子どもが仲間とともに目標を共有し、それに向かって進もうとするときにはじまります。年長組では、それまでの体験から、同じ目的に向かって「みんなが同じことをする」だけでなく、「役割を分担して取り組んでいく」ほうが豊かな取り組みになることを学んできています。そうした役割を分担して進めるという組織的な集団の一員としての振る舞いは、保育者や大人から「言われて行う」という形態では学ぶことが難しいのです。自分たちの共有する目標があり、そこに向かって進もうという意欲があってこそ、そうした学びが成り立つものだと考えられます。

3　つくってあそぶ制作展（11月）

「見立てる」ということが楽しくなってくるのは二歳児のころからでしょうか。人間とは不思議なもので、壁のしみが人の顔に見えたりします。つまり、意識して何かを別の何かに見立てようと考えなくても、あるものが別のものに見えてしまうという働きがあるのです。

そんな「見立て」のちからを発揮して、段ボール箱をお風呂にしたり、電車にしたり、子どもたちは自分のあそびを豊かなものにしていきます。次第に、ただそこにあるものを見立てるだけでなく、よりそれらしいものに加工するようになっていくのです。

そうしたことから、園では加工する・つくる素材として、保護者の方々にお願いして「ガラクタ（いろいろな空き箱）」を用意してもらっています。ほかにも、時期にあわせていろいろな素材を用意しています。また、セロハンテープ・のり・はさみ・ガムテープ・クレヨン・絵の具……といろいろな道具も扱えるようにしています。

　すると、子どもたちは、いろいろなものをつくり出していくようになります。初めは、手近にある箱と箱をくっつけるだけだったりしますが、そうしてできあがったものを、得意の「見立て」で「これはみかん！」と命名して満足しているようです。そして、つくったものを使ってあそびだします。あそびのなかで「もっと、こんなものが欲しい」というイメージが広がると、そのイメージにあうものを探しだし、またつくりはじめます。つまり、子どもたちの普段の生活のなかでは、「つくる」ことと「あそぶ」こととは連動しており、重なりあっているのです。私たちの「制作展」の出発は、こうした子どもの姿の理解からはじまっています。

「表現」という視点から子どものつくったものを「作品」として見たとき、年少―年中―年長と子どもたちが成長するにつれ、それは複雑で豊かなものになっていきます。一つひとつの「作品」が、味わい深いものとして感じられるのです。そうした作品を展示する「作品展」も、もちろん意味のあることでしょう。しかし、日常の子どもたちの生活の中心が「あそび」であり、「つくること」があそびと連動しているとすれば、あそびと切り離すことなく提示してみたい。その過程で子どもたちが発想し、考え工夫したことも、つくったものと切り離さずに提示してみたい。日常生活からつながったものとして、それでいて子どもたちが目標をもてるものとして活動を組み立ててみたい――そうした考えが、「まちのあそび」を中心とした「制作展」という活動として形づくられていきました。

①実際の取り組みの様子

十月下旬から十二月初旬の時期に、「制作展」の活動がはじまります。それぞれクラスごとにテーマを設定し、年長は木材を、年中と年少はダンボールなどを主な素材として、テーマに沿った制作に取り組んでいきます。その後、全クラスが制作したものを園庭（電車の庭）に持ち寄り、一週間にわたって「ごっこあそび」を展開していくという約一か月の活動です。各クラスのテーマは普段の「ごっこあそび」などから決められるため、単純化すれば「（クラス内で）あそぶ―つくる―（園全体で）あそぶ」という流れになります。

では、そのなかから年長のあるクラスの取り組みを見ていきましょう。

②クラスのテーマ・目標を共有していく

どんなテーマで取り組んでいくのかということは、各クラスに任されています。つまり、そのクラスの子どもたちにとって一番関心のあることがテーマとなって、取り組みを進めていくことになります。取り組みのきっかけとなることや進め方も、各クラスにあったやり方で進められていきます。つまり、決まった取り組み方、正解となる一つの答がある

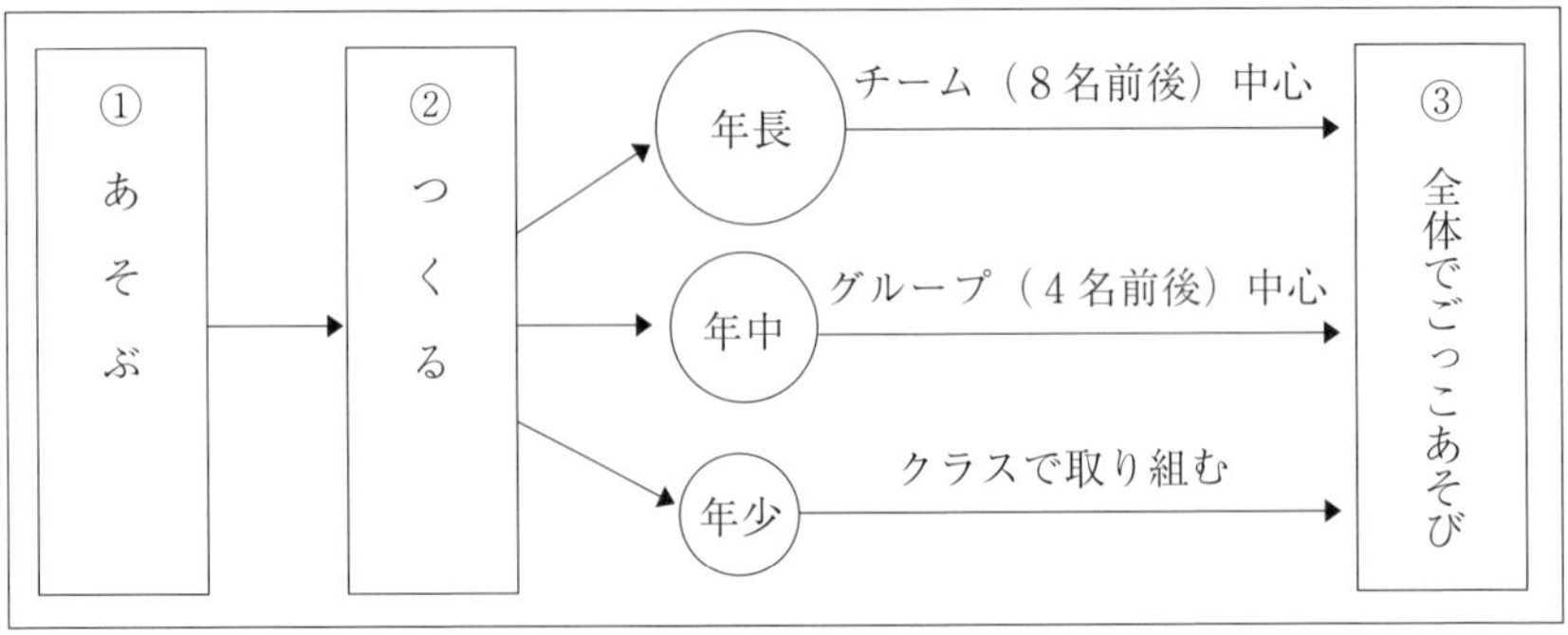

図2―1　制作展の取り組みの構造

わけではないのです。

あるクラスでは、十月中旬に電車に乗って出掛けた「探検遠足」から「まち」についての関心が高まり、「まちにあるなかで、自分たちが楽しめるもの」として、遊園地に関心が向いていきました。こうした話し合いは何日にも及びましたが、その間の自由活動中には、イメージを膨らめていった子どもたちの間で、さっそく遊園地ごっこがはじまっていました。

こんなこともあって、クラスとして「遊園地をつくろう」というテーマが決まりました。具体的には、「スプラッシュマウンテン（ジェットコースターの一種で、崖の上から池をめがけて一気に降りていくもの）」、「オクトパス（大きなタコの足の先に乗る場所があり、グルグルと回る乗り物）」、「おばけ屋敷」の三つがつくられることになりました。

この三つを配置した遊園地の全体像や具体的な遊びのアイディアも出されて、次第にイメージも膨らんでいきました。そこで、三つのチームに分かれて、それぞれのものを分担してつくっていくことにしました。チームに分かれて取り組むという方法は、これまでにも体験してきています。実際につくるという取り組みに対して、クラス全員では全体が大きすぎるのです。子どもたちで進めていくには、「自分たち」という全体が把握しやすい適切な人数でなければなりません。

「遊園地に、どんなものをつくろうか？」というクラスの話し合いのなかで、こうきくんは「スプラッシュマウンテンがいい！」と、張り切って意見を出しました。担任はこのとき、「スプラッシュマウンテン」を知らなかったので、「それは、どんなものなの？」と尋ねました。すると、「あのね、まるたみたいなのりものにのって、やまのうえから、みずのなかにおっこちていくの！」と、興奮しながら伝えていました。

「ディズニーランドにあるやつだよね？」とかなちゃんが言うと、「おれ、みたことある！」とゆうたくんが相づちを打っていました。でも、ピンとこないという顔をしている子どももいます。そこで担任が、「スプラッシュマウンテン、知ってる人？」とチームのみんなに問いかけると、手を挙げたのは三分の一ほどです。あとの子どもたちは、「しらない」と言います。ところが、こうきくんが興奮して話す様子を見て、「しらないけど、おもしろそう」、「つくってみようよ」という声がたくさん聞かれ、結局つくることに決まりました。どうやら、気分が盛り上がってきたようです。

「でもさぁ、山の上から降りてくるんでしょ？　どうやったら、つくれるかなぁ？」と担任が言うと、「う～ん……」と、子どもたちも考え込んでしまいました。

「じゃあ、どうやったらつくれるか、先生も考えておくから、みんなも考えておいて」と、この件に関しては、みんなの宿題となりました（今では、電車の庭にある築山の上から箱車《はこぐるま》で滑り降りるジェットコースターはお馴染みになっていますが、このときはまだ、そんな前例はありませんでした）。

　さて、担任は子どもたちが帰ったあと、庭中をウロウロしながら、「どうしたら子どもたちの描くイメージが実現できるだろうか？」と考えました。もちろん、ほかの先生たちにも相談しました。「高い所から降りてくるのは危険だから」という意見もありましたが、それでは子どもたちのイメージと離れてしまいそうです。そんななか、「あの山から降りてくるようにすればいいんじゃない？」という意見が出されました。

　庭の隅にある築山は、一・五メートルほどの高さがあります。たしかに、そこなら高さも十分で、きっと子どもたちも喜ぶことでしょう。山のてっぺんを削って平らにして、安定する場所をつくれば、お客さんが安全に乗り込む場所も確保できます。そこで、担任が恐る恐る園長に「山を削ってもいいか」と確認をとると、「そういうことなら、やってみれば」とあっさりゴーサインが出ました。

翌日、お互いの宿題と言っていたにもかかわらず、担任が我慢しきれずに、子どもたちの考えを聞くより先に「いいこと考えてきたよ。あの山から降りてくることにしたらどうだろう？」と提案しました。すると子どもたちも、「それがいい！」、「いいことかんがえるね！」とすぐに賛同し、自分たちのアイディアが実現していくという見通しがもてた子どもたちは、とても興奮していました。

③チームでつくる木工活動

チームに分かれたところで、それぞれ設計図を描き、メンバー間でイメージを共有していきます。言葉のやり取りだけではあやふやな部分も、具体的に描くことで視覚的にイメージが捉えられます。また、「スプラッシュマウンテンの動きを表現するためにはどうするのか？」、「オクトパスの回る動きを実現するにはどんな構造にするのか？」、「おばけ屋敷の構造は？」ということも、アイディアを出しあい、話し合って模型をつくったりしながら決めていきます。

そして、実際につくりはじめていくわけですが、私たちは木工活動を提案します。子どもたちも、これまでの年長組の姿に憧れて木工活動に意欲を示しています。また、これまでの生活のなかから、「丈夫で繰り返しあそんでも壊れない」ということから「木でつくる」ということに魅力を感じているのです。

木工活動は四メートルの長さの材木を運ぶところからはじめられます。当然、一人では運べません。チームのみんなが協力しなければなりません。また、必要な長さにノコギリで切っていくときにも、切る人だけではなく、材木を動かないように押さえる人が必要になります。カナヅチで釘を打っていく場合も、やはり押さえる人が必要になります。こうした状況が、子どもたちに協力することや役割分担をしていくことを促していきます。それが、子どもたちに仲間の必要性や「自分たち」という集団を実感させることになるのです。

こうした木工活動を子どもたちが見通しをもって進めていくためには、事前にスケールの小さな一〇分の一程度の材料を使って模型をつくり、構造を考えておく必要があります。どの材料を、どのくらいの長さに切るのか、何本（何枚）必要なのか、どんな手順で組み立てていくのかなど、捉えやすい大きさのもので考えていきます。このステップを踏むことで、木工活動がより自分たちのこととして進められていくことになるのです。

④まちのあそびを楽しむ

木工活動によって、スプラッシュマウンテンの乗り物とレールがつくられました。オクトパスの乗り物と、回転する仕組みやおばけ屋敷の建物もできあがりました。スプラッシュマウンテンは築山の上からレールを敷き、実際に滑り降りる動きをためしてみました。下のほうにブルーシートを敷き、池に見立てることにしました。オクトパスは真ん中に杭を立て、それを中心にして二つの乗り物がグルグルと回転するようにし、杭の上にタコの頭を乗せてイメージに近づけていきました。そして、おばけ屋敷は迷路風に設定しました。

さらに、「遊園地」の入り口となるゲートをつくり、券売機やチケットもつくっていったのです。

具体的に乗り物などができてくると、自然に「誰が何の役をやるのか？」ということが話題になってきます。お金とチケットをやり取りする人。各アトラクションまで案内する人。スプラッシュマウンテンを押したり、お客さんが降りたあと引き上げる人。オクトパスを押して回す人。おばけ役になって脅かす人……いろいろな役割が挙げられていきます。また、「おきゃくさんがスプラッシュマウンテンにのるとき、くつをぬいでもらう」という意見が出されると、「じゃあ、くつをはこぶひとも、ひつようだ」ということになって、「それぞれの役に何人必要なのか？」ということも話し合われていきました。そして、実際にやってみると、お互いのイメージが食い違っていることに気付いたりします。すると、また話し合いを重ねていくことになります。

ほかのクラスの子どもたちも、それぞれ自分たちのつくったものを設定し、園庭がにぎやかになってきました。区画が整理され、「まち」がつくられていきます。それぞれ、「自分たちの世界」を描き、その世界でも遊びますが、外に目を向けると刺激的なものがたくさんあります。年少や年中の子どもたちは、すぐに年長の世界に注目します。何人かの子どもが、「もうはじまる？」と期待して声をかけてきます。

「たいへんだ！　もう、おきゃくさんがまっているよ」、「いそいで、じゅんびしなきゃ」と、年長としての誇りに火がつき、子どもたちは張り切って遊園地をオープンさせました。すると、その様子を見て次々にお客さんがやって来て、あっというまに行列ができあがりました。年長の子どもたちは、それぞれ自分の役割を一生懸命に果たそうとしています。

何度も何度も、重い乗り物を押したり引き上げたりする子どもたち。「おばけやしきは、こっちです」と、小さな子どもの手を引きながら優しく案内している子どもたち。自分の役割を懸命に進めていこうとする子どもたちは、「これはあそびじゃなくて、しごとだ」とつぶやいていました。その表情は、晴れやかで誇らしげでした。とはいえ、年長の子どもたちも、ほかのクラスのつくる世界が気になります。自分たちの遊園地を運営する役割を見直して、二交代制にして、外にあそびに行く時間を確保することにしました。

この「まちのあそび」を全体として見ると、「お店などを運営する年長」、「お客さんの年中・年少」とはっきり分かれているわけではなく、流動的なものとなっています。外から見るととらえにくいかもしれませんが、そのあそびの世界に入ってみると、そう複雑なことではありません。それは、日常の生活（あそび）と同じ感覚なのです。

外にあそびに出た子どもたちは、いろいろと探索して、自分たちの拠点である場所に戻ると、「あそこにはこんなものがあった」、「こんなものがかえる」と興奮気味に情報交換しています。そして、その情報をもとに、期待しながらまだ行ったことのない場所に出掛けていきます。つまり、この「まちのあそび」は、自分たちのテーマに沿ってつくりあげた世界であそぶときは自分の役割をもって楽しみ、外の世界に出ると、お客さんとして楽しむという二重構造の楽しみ方があるということです。

こうした「まちのあそび」は、一日で終わるのではなく、「制作展」を挟みつつ何日も続けられていきます。すると、そのうちに年中や年少のクラスでも、年長から刺激を受けて「自分たちでもお店をやろう」という動きがはじまったりして、その様子が変化していくことになるのです。

⑤制作展

これまで述べてきたように、それぞれのクラスがテーマに基づいたあそびを進めるためにさまざまなものをつくっています。すべてのクラスが一つの庭にそれらを持ち寄って、「まちのあそび」が展開されているのです。木工などで何日もかけて大がかりな制作に取り組んでいる期間は、そのものをつくりあげることがその子どもたちの共通の目標となって活動が積みあげられていきますが、基本的には「あそぶ」ことが目標となっています。

私たちは、そうした「まちのあそび」への取り組みをベースにして、「制作展」という活動を考えています。その当日は、庭に設定した「まち」を、子どもが保護者の方々に紹介して回ります。保護者の方々は、子どもたちのつくったものを、手を触れぬように見て回るのではなく、実際に手にとって確かめたり、それであそんでいる子どもの姿を見てもらったりします。

一方、保育室内にも展示をしています。クラスでテーマを決めていく時期から、木工活動に取り組む時期、そしてまちに出てあそびが展開される時期までの過程が伝わるように、その過程においてつくったり描いたりしてきたものを展示し、写真や説明文を使って保護者の方々に見ていただいています。

子どもたちにとっては、自分の大好きな家族に、自分（たち）のつくったものを見てもらったり、それを通してやり取りしたり、園での生活の一端を共有してもらえる楽しい機会となっています。

制作展「まち」でつくりたいものを絵に描いてみる

組み立ての方法を相談する

真新しい材木がふんだんに用意されている

材木を「大工現場」に運ぶ

グループで力を合わせて

のこぎりの挽き方を学ぶ

釘打ちもなれてきた

枠組みが組みあがってきた

次にどの部分を作るのか模型で確かめる

初めの絵にあったシカの形ができてきた

寸法に切った板を張る

お化け屋敷の色を塗る。水性ペンキがついてもいいように古ワイシャツを着ている。
頭は新聞紙の忍者のお面でカバー

電車の試運転。これから塗装する

いよいよ「まち」でのあそびがはじまった

駅員さん

電車がお客を乗せて動く

シカにもお客さんが乗ってくれた。足にキャスターが付いているので引いて回れる

別会社の電車

入場券売り場

ジェットコースター
も運転をはじめる

年中の動物の家

ゲームセンター

ホテルのベッドでひと寝入り

病院もあります

片づけはみんなで風のごとく

年長が大活躍です

4 仲間とつくりあげていく生活発表（２月）

生活発表会は、それぞれの学年のまとめの時期である三学期に行われます。各クラスでの生活において積み重ねられてきた、さまざまなちからが総合的に発揮されることになります。年長では、「劇」の取り組みを中心に行っています。多くの園で行われている「劇」の取り組みですが、実はいろいろな取り組み方があり、そのとらえ方もさまざまです。

たとえば、業者によるお話の台本や舞台装置の設定の仕方を示したもの、そしてＢＧＭの収められたＣＤがセットになって販売されています。それを使って、子どもたちが指示されたとおりに動くように練習を繰り返して発表会をめざす、という取り組みを何度か見たことがあります。なかには、子どものセリフすらＣＤに録音されていて、子どもはそのシーンにあわせた当て振りを行い、流れてくるセリフにあわせて口をパクパクと動かしているというものもありました。また、発表会をめざした劇の練習がはじまると、日常の生活と分断された日々となり、子どもたちが登園を渋るという話も聞いたことがあります。

なぜ、このようなことが起きるのでしょうか。このことは、何も劇の取り組みにかぎらず、運動会などでも起こりうることですが、とくに劇の取り組みにおいて顕著に現れるようです。それはやはり、大人の価値観に基づいて子どもに求めるものがあり、それが本来の中心的な願いではなく、枝葉の部分が肥大した結果、子どもたちの求めるものとずれているからと思われます。園生活の中心は子どもであり、その子どもの視点からその活動を問い直すということを常に意識していないと、こうしたことに傾いていってしまうのではないでしょうか。

では、劇の取り組みをどのように考えたらいいのでしょうか。幼稚園の生活の中心は子どもたちの「あそび」である、という原点から考えてみましょう。普通、あそびは、それをあそぶ子ども自身のものです。それを周りから見る者がどう思ったり感じたりするかということは、ここでは本質的なことではありません。

朝、登園してきたゆりこちゃん、かおるちゃん、みほちゃんが、身支度をしながら待ちきれないといった様子で、「わたしがおかあさんね」、「じゃあ、わたしはネコ。……やっぱりおねえちゃんね」、「じゃあ、わたしがネコになる！」と、遊びの相談をはじめています。そして、支度を終えるとままごとコーナーになだれ込んであそびはじめました。

普段、「おとなしい」と見られているみほちゃんは、お母さん役を演じているとき、とても生き生きとした表情で「さあ、おさんぽにいくわよ！」と、いつもよりハッキリとした口調で家族に語りかけています。「ごっこあそび」の世界に浸り込み、周りで別のあそびをしている子どもたちや保育者の存在はほとんど意識されていないようです。「自分たちのあそびがどう見られているのか？」といちいち気にしていたのでは、せっかくつくりあげているその世界の楽しさに浸ることができません。

だとすれば、そのあそびを基点に考えるかぎり、子どもが劇を演じるときに、見る者によく分かるようにするよりも、むしろそれを演じたことによって、子ども自身が精いっぱいその世界に入り込み、おもしろさを味わうことのほうが重要になると思われます。

こうしたことを基点に、子どもたちに「オオカミと七匹の子ヤギごっこをやろう」と投げかけたとします。みんなの共有するお話をもとにして「ごっこあそび」をするのです（オリジナルのストーリーでも同じことです）。何かのお話をもとにした「ごっこあそび」を展開し、演じている自分たちが楽しむために行うといった活動を、ここでは「劇あそび」と呼ぶことにします。その一方で、発表会など、お客さんを呼んで見てもらうことをめざして積み重ねていく劇の活動を「劇づくり」と呼ぶことにします。ここで、「劇あそび」でよしとして「見てもらうことはしない」とするか、「劇づくり」をめざすのかと、考えが分かれることになります。

ところで、私たちの園の子どもたちは、普段のあそびのなかでも、やりたい子どもたちが集まって音楽にあわせた楽器の演奏や人形劇ごっこなどをはじめると、子どものお客さんを呼んで見てもらったりすることがあります。そうしたことから、劇あそびなどに取り組むと「お客さんに見てもらいたい」という思いをもちます。プロの劇団の演じる舞台をお客さんとして見ることも一年の間に数回ありますので、このような経験がその背景にあるのでしょう。

また、「劇あそび」の取り組みでは、子どもたちはお話の世界を生き生きと演じ、満足感をもちますが、それを「保護者の方々にも感じてほしい」とそのまま舞台に上げてしまうと、やはり見ている人に通じない部分があり、その結果、子どもたちは「自分たちの感じているおもしろさが伝わっていない」と感じてがっかりしてしまうことになります。

「お客さんに見てもらう」ということにするのなら、子どもたちとその点を確認し、子どもたち自身が「自分たちの感じている、そのお話の世界のおもしろさをお客さんにも感じてもらう」ということをめざして取り組んでいかなければなりません。そのため、私たちの園では、日常の生活で豊かに見られている「ごっこあそび」をベースにして、自分たちでその世界のおもしろさを味わう「劇あそび」を大切なものとしてとらえています。

そのうえで、生活発表会の取り組みでは、お客さんに見てもらい、その反応を感じ取りながら工夫を重ねていく、見ている人ともそのお話の世界のおもしろさを共感できることをめざした「劇づくり」の活動に取り組んでいきたいと考えています。

①劇づくりの取り組み

ここでも、年長の取り組みを取り上げて述べていきます。

年長では、お話の登場人物の人数と、メンバーの人数のバランスなども考慮して、クラス内で三つのお話を選び、三つのチームに分かれて劇づくりに取り組んでいきます。年中だと、一つの役を数人で演じても不自然さはあまり感じませんし、逆に、同じ役を演じる仲間がいると心強さも感じられるようです。しかし、年長になると、一役一人でないと「らしくない」と感じられるようです。そうしたことから、一チームが八人くらいになるようにしています。また、子ども同士が自分たちで話し合って進めていくためには、やはり人数が多すぎると難しくなります。

さて、実際の取り組みですが、まず「どんなお話にしたいか？」ということを、子どもたちが話し合って決めていくことからはじまります。年長の子どもたちは、これまでさまざまな絵本を読み聞かせてもらったりしながら、いろいろなお話の世界に触れてきています。それが、お話選びの背景にあります。また、これまでの体験から、仲間がいなければ劇はできないということも知っています。自分一人だけで「このおはなしでやりたい」と言ってもできないわけですから、「だれか、いっしょにやろうよ」と仲間に誘いかけたり、「にんずうがたりないなら、ボクがはいってあげようか？」というやり取りもあって、クラス内で三つのお話が選ばれると同時に三つのチームがつくられていきます。

これが決まると、チームごとの取り組みになります。もとになる絵本を見ながら、「なにをつくろうか？」と道具づくりから考えていくチーム、さっそく役を割り振って演じることからはじめるチームと、取り組み方はさまざまです。もとになる絵本などはありますが、保育者が用意する台本などはありません。子どもたちが演じながら、自分たちでつくりあげていくのです。

ほかのチームの子どもがお客さんとして見ていることがありますが、初めのうちは、それぞれ自分の理解するお話の展開に基づいて進めたりしますので、お互いに通じていれば、言葉はなく身振りだけで進んでいったり、お互いのタイミングがずれていてもかまわずに自分のペースで進めていったりという姿も見られます。見ている側からすると、もとのお話が分からなければ何をやっているのかがよく分かりません。

また、もとになるお話のタイプ、つまりポイントになる場面があって、セリフなどがはっきりしていなくてもストーリーを展開していけるタイプのもの、あるいはセリフがはっきりしないと進めていけないタイプのものなどによって、子どもの取り組み方も自然に違ってきます。それでも、ストーリーが終結してから感想を聞くと、「たのしかった」、「またやりたい」と、やっていた子どもたちは満足そうです。この段階では、「劇あそび」と言えるでしょう。

そのうちに、保育者も様子を見ながら、「そこは、どういう気持ちなの？」、「どういうふうにしたら、見ている人が『悲しい気持ちなんだな』って分かるかな？」など、アドバイスしたりしていっしょに進めていくと、メンバーもお互いに、「ここは、もっとはやくでてきてよ」、「ボクが『こんにちは』っていったら、すぐに『はい、こんにちは』っていってよ」などと要求しあっていくようになります。

もとになるお話を絵本で読み聞かせてもらったときに感じたおもしろさを、実際に表現していくためには、メンバー間でそれを確認して、どうすればいいのかを話し合っていく必要があります。遠回りに思えるかもしれませんが、保育者が「この場面で、この登場人物はどんな気持ちだったんだろう？」、「なぜ、こんなことをしたんだろう？」と投げかけていったりもします。すると、実際に役になって演じてみるということを体験した子どもたちは、絵本を読み聞かせてもらっているときには気付かなかったことに目を向けたり、お話の世界をさらに読み深めていくことになります。

さて、配役です。毎回、誰が何の役になるのかについては相談して決めるようにしていますので、まずはそれぞれがいろいろな役を体験します。次第に動きやセリフが決まり、共有されてきたところで、誰がどの役になるのかということを決めます。一方で、大道具や小道具など、必要な舞台装置もつくられてきました。この段階では、子どもたちも「お客さんからはどう見えるのか？」ということもしっかり意識していますの

絵本を見ながら相談し、どうやって
演ずるかアイディアを出し合う

まだセリフが途切れたりし
てうまくいかないが、公開
して見てもらう

「どうでしたか？」と観客
に聞くと良いところや悪い
ところを言ってくれる

それを聞くとうれしくなっ
たり、がっかりしたり

オオカミが井戸に落ちる場面について子
ども同士で話し合う

保育者もいっしょになって
演技内容について話し合う。

舞台装置の制作も出し入れ
もすべて子どもたちでする

「わんぱくだんのにんじゃ
ごっこ」の公演（年長）

「みんなが雪で遊んでいる物語
（創作劇）」の公演（年中）

「3びきのやぎのがらがら
どん」の公演（年少）

で、この取り組みも「劇づくり」の段階に入ったと言えます。

この段階では、子どものお客さんに見てもらい、感想や「もっと、おおかみのてがみえるようにしたほうがいい」というようなアドバイスをもらいます。すると、子どもたちはその点について相談し、「じゃあ、こうしてみたらいいいんじゃない？」とさらに工夫を凝らしていきます。それと同時期に、ほかのチームやほかのクラスの劇をお客さんの立場で見るということもしていくので、より客観的な視点から自分たちの劇をとらえていくことができるようになります。

そしてその後、いろいろなクラスの子どもたちや保育者たちに見てもらいながら手応えを感じ、やがて保護者の方々に見てもらう日を迎えます。この日は、やはり特別な日で、子どもたちは緊張したり、張り切ったりと、いろいろな心の動きを感じ取ることになります。ここで満足して一区切り、という場合もありますが、「ほかのおはなしのげきもやりたい」という意見が出され、メンバーを入れ替えて、やりたい子どもたちが集まって、自分たちが取り組んできたお話と違う劇を楽しんだり、形を変えながら楽しまれていくということもあります。

②実践のなかで大切にしていきたいこと

「劇」の活動は、総合活動であると言われています。子どもたちは、これまでの生活のなかで身につけてきたさまざまなちからを発揮することになります。それらのちからは、仲間とのかかわりのなかで育ってきたものです。

私たちは、「劇」の取り組みを通して、子どもたち自身が仲間とともにそのお話の世界のおもしろさを味わって表現し、充足することを願っています。「ぼくたちって、すごいね」、「わたしたちって、すてきだね」と感じあえることを願っているのです。また、それを「本当にそうだね」と共感したいとも思っています。

しかし、繰り返しますが、日常生活のなかで積み重ねられてきたちからが発揮される活動ですから、日常生活のなかでそうしたことが行われていないのに、急にこの時期になって「さあ、劇をやろう」と要求しても実りある活動にはなりません。日常のあそびのなかで「ごっこあそび」が十分に楽しまれていることが土台にあっての「劇あそび」であり「劇づくり」なのです。日常生活のなかでの「ごっこあそび」が十分に楽しまれていない状態であるにもかかわらず、「発表会の時期だから」と言って急に「劇」に取り組むというのでは、まさに日常生活とは無関係な「行事のための活動」となってしまいます。

また、仲間と話し合うこと、決定したことを共有し、実行していくことなども重要になってきます。誰かに指示され、そのとおりに動くのではなく、一人ひとりが納得しながら劇の表現をつくりあげていくのです。

「ヤギがかくれるの、はやすぎる！　オオカミがドアをあけるまえにかくれちゃ、おかしいよ！」
「だって、オオカミがすぐにたべちゃうんだもん！」
「じゃあ、オオカミがガチャってドアをあけて、ヤギたちはオオカミのかおをみて、オオカミだってきづいて、それからかくれれば？」
「オオカミも、すぐたべないで、ヤギがビックリしてにげてから、おいかけていくようにすれば？」などと、話し合っていく必要があります。

こうした話し合いも、「自分たちのこと」として話し合うことをこれまでの（年長以前からの）生活のなかで積み重ねてきたからこそ成立するのです。

また、大道具や小道具などを、どんな材料を使って、どんなふうにつくっていくのかということにしても、これまでの生活のなかで身につけたちからをもとに構想し、実行していきます。演じること、劇づくり自体をどう進めていくかという見通しを立てて、自分たちで集まって行っていくということも、やはりこれまでの生活で身につけられてきたちからと言っていいでしょう。こうしたことも含めて、これまでの生活が隠しようもなくトータルに現れてくるのが、この活動であると言えます。

5　三層構造という視点から

これまで、「子どもが育つ保育の仕組み」の節目となる活動として、「運動会」、「制作展」、「生活発表会」という三つの活動、私たちのいう「中心となる活動」を取り上げてきました。日常生活があくまでもベースにありながら、それが膨らみ、共有する目標がはっきりと現れることによって、「中心となる活動」（「プロジェクト活動」とも呼ばれている）が展開されていきます。

私たちは、日常生活を第一の層としたとき、この「中心となる活動」を第二の層ととらえています。そして、「中心となる活動」を生き生きと進めるためには、その活動の外（第一層や第二層の活動とは違ったところ）で、知識や技能についての順序を踏んだ指導が日常的に進められていることが必要となります。それを、第三層の「系統的に積み上げる活動」と位置づけています。

年長の制作展にあたっては、木工活動によってスプラッシュマウンテンをつくるという場合、それまでの生活のなかで釘を打つこと自体を目的にカナヅチを扱うことを体験し、技能を身につけていることがベースになっています（もちろん、カナヅチを扱うことだけがベースになっているわけではありません）。こうした、釘《くぎ》打ちなどの目的を単一にして焦点を絞った活動を、順序を踏んで設定したものが第三層の「系統的に積み上げる活動」です。これは、「はじめに」で紹介した久保田浩氏の提唱した「三層構造論」を参考にした視点でもあります。

私たちは、こうした視点から園の生活をとらえ、保育計画を自主編成しています。それが、園における生活のダイナミズムを生み出しているのではないかと考えています。ただ、ここで示した私たちの取り組みは、あくまでも私たちの園での取り組みです。園によって環境・規模などのさまざまな条件が違うことを考えると、当然、より良い取り組み方というものも、形としては違ったものになってくると思います。

今、「幼・保一元化」の動きが進み、「幼稚園」も大きく変わろうとしています。私たちの保育も、これでいい、よしとするのではなく、また時代の変化に流されるのでもなく、目の前の子どもたちをしっかりと見据え、常により良いものを求め続けていきたいと考えています。

撮影を終えて

宮原洋一

あんず幼稚園との出合いは、保育誌『エデュカーレ』の取材で訪れた二〇〇七年六月のことでした。門を入ると、小さな小屋で古い鍋をいくつも使ってままごとあそびに夢中になっている子どもたちの姿が目に飛び込んできました。また、デッキが張り巡らされた開放的な木造平屋建ての園舎も印象的なものでした。

その環境のなかで子どもたちが、あちこちであそびこんでいた姿を今でも鮮明に覚えています。子どもにとってあそびは、生きることそのものです。その姿を撮り続けてきた私にとっては、とても魅力的な出合いとなりました。

気が付いたら、「あんず通い」がはじまっていました。まずは、朝の出会いを求めて回廊デッキをひと巡りしてみました。そこでは、さまざまなあそびが繰り広げられていたり、一人でデッキに座っていたりと、いろいろな子どもの姿がありました。各保育室に入ると、「がらくた棚」から材料を自由に持ち出して、あそび道具づくりに朝から精を出している子どもたちがいました。保育者がダンボールでつくったその棚には、子どもたちが家から持ってきた空き箱や巻き芯、カップなどがたくさん仕分けされていました。保育室にある家具の多くは保育者たちの手づくりのもので、園庭にある櫓《やぐら》も父親たちが造ったということでした。言うまでもなく、それらには既製品にはない温かみがありました。

保育者の方々の姿も魅力的なものでした。子ども心をたっぷりともち、いっしょにあそぶのが楽しくて仕方がないという感じでした。このことは、初日から強く印象に残りましたが、日を重ねるにつけ、ますますその感を強くした次第です。

保育に対する基本的な考え方は共有されていますが、その実践はとても伸びやかで自由なものでした。そして、お互いが境目なく保育室に出入りし、時には、カナヘビが嫌いな保育者の部屋の窓越しに、その嫌いなものを忍び込ませるようないたずらまで許されている関係にあることも驚きでした。保育者同士が開放的な、そして信頼しあえる関係をもっているからこそできることで、そうした「人的環境」は子ども同士の関係にもちゃんと反映されているようです。

二〇一〇年から、本書のために職員会議が、時には株式会社新評論の武市一幸氏も交えて何度も開かれました。そのなかで、「環境」をキーワードにすることや、職員全員が本づくりに加わることなどが決まりました。

日々一生懸命に生きている子どもたちの姿を撮影することを通して、私自身もエネルギーをたくさんもらいました。既製の遊具ではなく、自分たちでつくったものであそぶ子どもたちの姿は、撮っても撮ってもいつも新鮮なものでした。あんず幼稚園の保育がいかに「環境」と表裏一体をなしているのか、そのことを写真を通して少しでもお伝えすることができたら望外の喜びです。

四年あまりの長期にわたる撮影となりましたが、私を受け入れてくれた子どもたち、いつも気持ちよく迎えてくださった園長の松永輝義氏をはじめとして職員の方々に心より感謝を申し上げます。

おわりに

二一年前の初夏、大久保秀男氏（現アプリコット学園理事長）の運営するテニスクラブのクラブハウス前を偶然通りかかりました。数年前まで行政の立場から保育にかかわる仕事をしていた大久保氏と保育の大切さを夜遅くまで語り合ったことをふと思い出して、立ち寄ったわけです。

それが、すべてのはじまりでした。その場で子どもの育ちや保育の話になり、「クラブハウスの前にある茶畑の所に園舎を建てて、先生の考えている保育を好きなようにやればいいんじゃないの」という一言で「あんず幼稚園」ははじまったのです。

当時、保育現場であれこれと苦悩していた私でしたが、今思えば、あのときに大久保氏がもし不在であったならば「あんず幼稚園」は生まれていなかったと思います。なぜなら、語り合った日から少なくとも五年以上、会うことも言葉を交わすこともなかったからです。お互いに生活圏の離れた場所で暮らしていたものですから、クラブハウスの道路をその日にかぎって通ったこと自体が不思議なことだったのです。

それ以来二一年歩んできましたが、周辺の環境を保育のなかに取り入れ、近くの川に泳ぎに行ったり、河

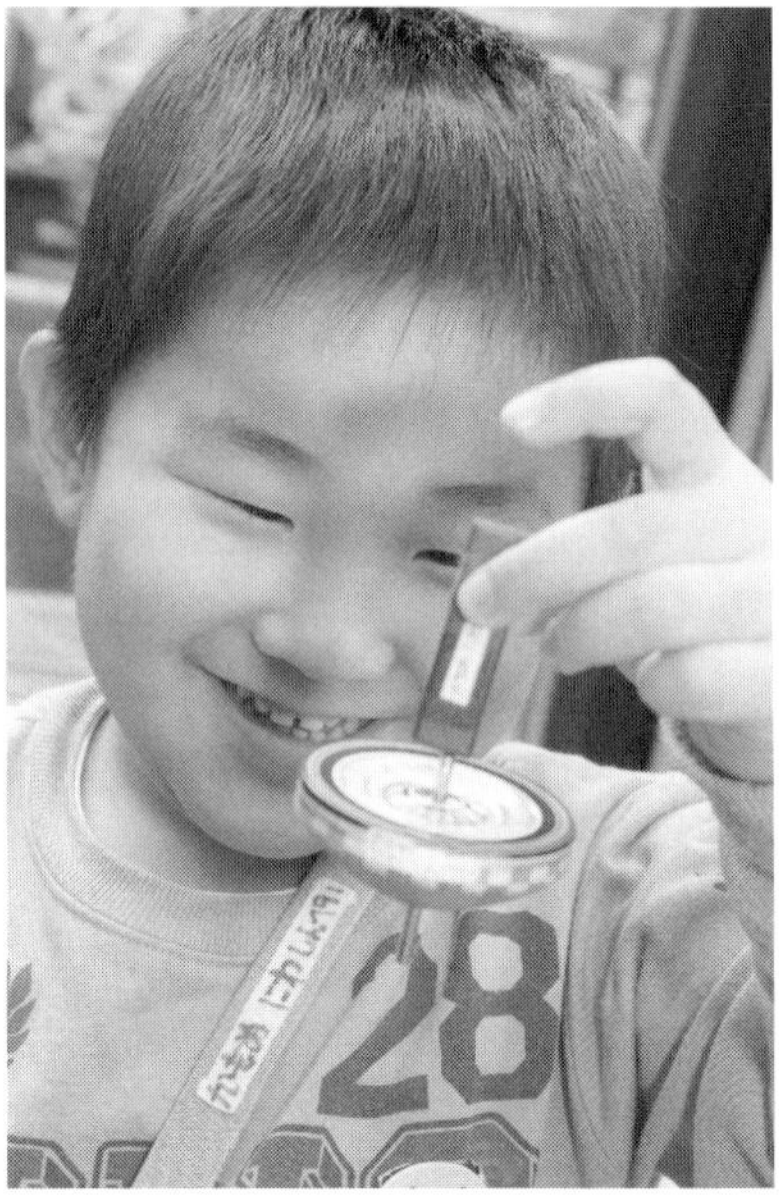

棒磁石を使って回す

原に出掛けてイモを焼いて食べたりしてよく遊んだものです。今では、環境もだいぶ悪化して、こうしたことを実現することも難しくなりましたが、近くの文化創造施設「アミーゴ」の公園に出掛けたり、あるいはすぐ隣の公立の図書館に出掛け、絵本や紙芝居を借りたり、ときには、施設にある視聴覚室で映画を観たりしています。

春や秋の遠足も、近くの公園に出掛けて思い切り遊んできます。年長の秋の遠足では、探検遠足として、八人ほどのグループになり、西武線仏子駅から子どもたち一人ひとりが切符を買い求めて所沢や小手指まで行って町のなかを探検し、いろいろな商店に寄るなどして地域の人々と交流しています。そして、電車に乗って目的地の航空公園に行きます。子どもたちが、こうして地域の自然や人々とかかわりながら暮らしていくことは、とても大切なことだと考えています。

卒園した子どもたちがあんず幼稚園に帰ってくる集まりがあります。「一年生のつどい」、「三年生のつどい」、「六年生のつどい」、そして成人を迎えた年に「青年のつどい」があります。それぞれの年齢ごとにあんず幼稚園に集まって、久しぶりに仲間や保育者と懐かしいあそびをし、一年生は夕食、その他のつどいでは昼食を食べて帰ります。

小学生のつどいはどの学年も九〇パーセント以上の出席があり、このときには多くの保護者も集まって、親同士が懐かしく子どもの幼児時代の話に花を咲かせています。青年のつどいでは、毎年卒園生の約半数の四五名ほどが出席し、自らの今の状況などを紹介したり、先輩のリードでゲームをしたりと、昼食をはさんで一日楽しんで帰っていきます。

こうした機会に、幼児期からの育ちの状況について直接見聞きすることができます。保育者にとってこの機会は、今、目の前にいる幼児がどのような生活をし、豊かな経験を積み重ねていくことが望ましいことなのかを、再び出会った各学年の子どもたちの姿やことばから学ぶ機会ともなります。子どもが卒園した親たちも、「あんずの会」という組織をつくってこうした活動をバックアップしてくれています。

「はじめに」でも述べましたが、あんず幼稚園の保育には久保田浩氏の考え方が大きくかかわっています。子どもたちが日々暮らしている家庭や園の日常生活のなかに、人として育つ原点があると私たちに示唆してくださいました。一九年間にわたって私たちの進める勉強会に参加してくださり、そしてあんず幼稚園の保護者たちにも毎年講演をしていただきました。今も、これからも、そこで語られた数々のことばが私たちの宝物として生き続けると思います。

そして、写真家の宮原洋一氏との出会いが本著を著す大きな力になったことを記しておかなければなりません。保育現場の実践をつぶさに受け止め、撮影された写真はどれも素晴らしいものです。長きにわたって教育現場で仕事をされてきた経験が一枚一枚の作品に見られ、感動した次第です。写真と同様に、客観的に保育実践の場を見られて語られるすべてのことばは、確かな保育を求める私たち保育者を元気にしてくれました。

本著を著すことによって、子どもたちが心より喜び楽しめる園づくりを求めてきた私たちの気持ちを表すことができたかどうか、不安な気持ちはぬぐえませんが、至らぬ点は読者のみなさんのお力添えをお願いし、私たちも、二一世紀を生き続ける子どもたちのためにより良い保育実践を積みあげながら歩み続けていきたいと考えております。

最後になりましたが、本書の完成まで多くの助言をいただき、また気長に待ち続けてくださいました株式会社新評論の武市一幸氏に心より感謝申し上げます。

あんず幼稚園・園長　松永輝義

二〇一二年　初春

永井　智也（＊）
1998年、帝京大学保育福祉専門学校保育科卒。保育者歴14年。あんず幼稚園には14年勤務。時に体操を創作し、時にギター片手に子どもたちと歌う。

羽田　二郎
1987年、白梅学園短期大学保育専攻科卒。保育者歴38年。あんず幼稚園には26年勤務。独楽回しが得意で、パワーシャベル運転の免許証を持つなど多彩な技を持つ。
2016年４月より「あんず幼稚園」の園長に就任して現在に至る。

村上（峠）暁子
1996年、白梅学園短期大学保育専攻科卒。保育者歴21年。あんず幼稚園には21年勤務。ゆったりと子どもたちに寄り添い、ピアノが大好き。

山本（砂原）福子
2005年、白梅学園短期大学保育科卒。保育者歴12年。あんず幼稚園には12年勤務。自分が興味や関心を持つことを、とことん楽しむ。

松永　輝義
1975年、白梅学園短期大学保育専攻科卒。保育者歴45年。あんず幼稚園には26年勤務。創立時より園長。「ゴリラせんせい」と子どもたちから呼ばれ、けんちゃん（人形）とコンビで腹話術を演ずる。
2016年３月に園長を退任し、同年４月より主事。

＊印は、2017年10月現在、定年退職および一身上の都合で退職されています。
＊印以外の教員の経験年数は、2017年４月現在のものです。

執筆者紹介

阿部　和香子（＊）
1989年、昭和女子短期大学初等教育学科卒。保育者歴20年。あんず幼稚園には7年勤務。イラストを描くことが好き。

荒井　薫（＊）
1973年、竹早教員養成所卒。保育者歴39年。あんず幼稚園には21年勤務。職員劇の中では、優れた演技力でいつも大活躍する。

岩城　百恵（＊）
1994年、白梅学園短期大学保育科卒。保育者歴6年。あんず幼稚園には6年勤務。活動的で好奇心旺盛。

鏡　薫（＊）
1972年、竹早教員養成所卒。保育者歴40年。あんず幼稚園には21年勤務。手作りの遊具作り名人。

金岡（藤本）かおる（＊）
1997年、秋草学園短期大学保育科卒。保育者歴15年。あんず幼稚園には19年勤務。ヤモリが大の苦手だったが、後にクラスで飼育するまでになる。

加藤　美夏
1998年、大東文化大学教育学科卒。保育者歴19年。あんず幼稚園には15年勤務。「ごっこあそび」などで独創的なあそびを発想する。

河辺（畠山）佳世（＊）
2008年、東京家政大学児童学科卒。保育者歴4年。あんず幼稚園には4年勤務。身近なものを使った遊びの仕掛け作りが大好き。

多田　友恵
2006年、白梅学園短期大学保育科卒。保育者歴11年。あんず幼稚園には11年勤務。炊事用のステンレスボウルを頭に被り、水色の風呂敷をなびかせて、時々自称「ターターマン」に変身する。

利根川　彰博（＊）
1992年、白梅学園短期大学保育科卒。2011年、白梅学園大学大学院修士課程修了。保育者歴22年。あんず幼稚園には20年勤務。理論派で保育実践を筋道立てて整理する。修士論文のテーマは、「幼稚園4歳児クラスにおける仲間関係の事例的検討」

編者紹介

あんず幼稚園

1991年４月、認可外保育施設あんず幼児園として設立され、年長２クラス、年中３クラス、年少２クラス編成で出発する。

2004年４月、学校法人アプリコット学園あんず幼稚園として学校法人設立の認可を受け、年長３クラス、年中４クラス、年少３クラス編成202名の園児とその保護者の方々とともに、真に子どもたちが主役となる園づくりを継続する。

現在は、年長４クラス、年中３クラス、年少５クラス編成を、本務16名、兼務教職員３名で運営している。北に入間川が流れ、南に加治丘陵を望むことのできる場所に位置しており、自然に恵まれた環境にある。

住所：〒358-0053　埼玉県入間市仏子1089-34　電話：04-2932-6464

撮影者紹介

宮原洋一（みやはら・よういち）

写真家。私立桐朋学園初等部に37年間勤務して初等教育に携わる。その間、街で子どもたちの遊びを撮り続け、『教育の森』（毎日新聞社）に巻頭グラビアを連載するなど新聞、雑誌などで発表。また、フジフォトサロン、東京都児童会館などで個展を開催した。

著書に、『子供の風景』（串田孫一氏との共著、文京書房、1976年）、『もうひとつの学校――ここに子どもの声がする』（新評論、2006年）、『カモシカ脚の子どもたち――「あおぞらえん」からのメッセージ』（新評論、2006年）、『子どもを原点とする教育』（桐朋学園初等部ブックレット、2005年）、『ふってもはれても――川和保育園・園庭での日々と113の「つぶやき」』（新評論、2014年）などがある。

きのうのつづき
――「環境」にかける保育の日々　（検印廃止）

2012年３月10日　初版第１刷発行
2014年１月25日　初版第２刷発行
2017年９月20日　初版第３刷発行

編　者　あんず幼稚園
撮　影　宮原洋一
発行者　武市一幸

発行所　株式会社　新評論

〒169-0051 東京都新宿区西早稲田3-16-28
http://www.shinhyoron.co.jp
TEL 03（3202）7391
FAX 03（3202）5832
振替 00160-1-113487

印刷　フォレスト
装丁　山田英春
製本　中永製本所
イラスト　五十嵐淑子　石田千晴　落合さやか

ISBN978-4-7948-0893-6